W0173561

Göpel *Tiere des Himmels*

Tiere des Himmels

Geschichten aus dem Orient

Ausgewählt und neu erzählt von
Kathleen Göpel

Diederichs

In Dankbarkeit und Liebe ist dieses Buch
Syed Omar Ali-Shah aus Paghman, Afghanistan, gewidmet.

Herzlichen Dank an Inno Sorsy, Kersten Göpel und
Dr. Thilo Wittenberg für ihren Beitrag zur Entstehung dieses
Buches.

Alle Abbildungen zeigen persische und indische Miniaturen,
AKG, Berlin.

Die Deutsche Bibliothek – CIP-Einheitsaufnahme
Tiere des Himmels: Geschichten aus dem Orient / ausgew. und
neu erzählt von Kathleen Göpel. – Kreuzlingen ; München :
Hugendubel, 2002
(Diederichs)
ISBN 3-7205-2340-3

Umschlaggestaltung: Ute Dissmann, München,
unter Verwendung einer persischen Miniatur des AKG, Berlin
Produktion: Maximiliane Seidl
Satz: EDV-Fotosatz Huber / Verlagsservice G. Pfeifer, Germering
Druck und Bindung: Druckerei Huber, Dießen
Printed in Germany

ISBN 3-7205-2340-3

Inhalt

Editorische Notiz

Alle Koranzitate beruhen auf der Übersetzung von Yusuf 'Ali (Islamic Foundation).

Die Schreibweise der Namen entspricht der arabischen Sprache, d.h. Bani Israel = Volk Israel, Habil = Abel, Ibrahim = Abraham, Isa ben Mariam = Jesus, Sohn der Maria, Jibril = Erzengel Gabriel, Musa = Moses, Nuh = Noah, Qur'an = Koran, Qabil = Kain, Sa'aba = Saba, Suleiman = Salomon, Yunus = Jonas, Yusha' = Josua, Yusuf = Josef usw.

Im vorliegenden Buch werden zum Teil Schreibweisen von Namen oder Buchtiteln verwendet, die dem einheitlichen System der Transkription des Arabischen entsprechen, das die Autorin gewählt hat, die jedoch von Schreibweisen abweichen, die in anderen Büchern bei Diederichs üblich sind, z.B. hier »Masnavi«, sonst »Mathnawi«.

Vorwort

Mit Freude schreibe ich einige Zeilen als Vorwort zu Kathleens »Himmlischen Tieren«. Diese Geschichtensammlung, die einen Bogen spannt um die Welt und durch die Jahrhunderte, repräsentiert jegliche Aspekte der Beziehung von Mensch und Tier.

Immer wieder haben die unterschiedlichsten Kulturen Tiere, Vögel, ja sogar Insekten benutzt, um die Gemeinsamkeit aller Lebewesen jenseits verbaler Kommunikationsformen zu verdeutlichen: Jeder Kreatur ist auf der Erde eine besondere Rolle zugewiesen und sie ist bestimmten Regeln und Gesetzen unterworfen, um die Wünsche ihres Schöpfers zu erfüllen.

Ich bin überzeugt, dass der Leser Unterhaltendes, Exemplarisches und Erleuchtendes finden wird, wie auch Einblicke in die Kultur und Mentalität anderer Menschen.

April 2002   *Omar Ali-Shah*

I.

Die Tiere

Es gibt kein Getier auf Erden und kein Wesen,
das auf seinen Schwingen dahinfliegt,
das nicht wie ihr Gemeinschaften bildete.
Nichts haben Wir in dem Buch ausgelassen.
Und sie alle werden am Ende vor ihrem Herrn versammelt
sein. *(Qur'an 6:38)*

Da ist keine Kreatur, die sich bewegte
und die Er nicht an ihrer Stirnlocke im Griff hätte.
(Qur'an 11:56)

Gott wird euch eure Freundlichkeit gegenüber den Tieren
lohnen.
(Hadith)[1]

1. Tiere im Paradies

Vier Tiere kommen ins Paradies: Buraq, das Reittier des Propheten, der Wal Jonas, der Hund der Siebenschläfer – in einen Ziegenbock verwandelt – und die Ameise Suleimans.

(Überlieferung)

Anas berichtet, der Prophet Muhammad habe über den Fluss *Kauthar,* der im Paradies fließt, gesagt:

»Es ist ein Fluss, den Gott mir im Paradies gegeben hat. Sein Wasser ist weißer als Milch und süßer als Honig, und auf seinem Wasser sind Vögel, die Hälse wie Kamele haben.«

(Hadith)

Abu Aiyub berichtet: »Ein Araber kam zum Propheten und sagte zu ihm: ›O Gesandter Gottes, ich liebe Pferde. Gibt es auch Pferde im Paradies?‹

Der Prophet erwiderte: ›Wenn du ins Paradies aufgenommen wirst, wirst du ein Pferd aus Rubin erhalten, das zwei Flügel hat und dich überall hinbringt, wohin du möchtest.‹«

(Hadith)

2. Die Erschaffung der Tiere

Gott schuf den Menschen aus einem Tropfen geronnenen Blutes *(Qur'an, Sure 96, Al-alaf)* und die Tiere aus Wasser.[2]

»Und Gott hat ein jedes Tier aus Wasser erschaffen, darunter einige, die auf ihren Bäuchen kriechen,

einige, die auf zwei Beinen laufen,
und andere, die sich auf allen vieren fortbewegen
In der Tat: Gott erschafft, was Er will.« *(Qur'an 24:45)*

3. Die Seelen der Tiere

Nach Ansicht derer, die unverhüllten Blickes sind,
verfügen die Seelen der Menschen, der Tiere und der
  Dschinnen
über zwei Fähigkeiten, von denen die eine kognitiver,
  die andere praktischer Art ist. *(Ibu Arabi)*

4. Die Sprache der Tiere

Und ich erkannte, dass alle Lebewesen von der Existenz des
Schöpfers Zeugnis ablegen und dass jene, denen es nicht gegeben ist, sich hörbar zu äußern, eine stille Form gefunden
haben, um ihren Empfindungen Ausdruck zu verleihen.

Ich bemühte mich, aus diesen Zeichen zu lesen, die
durch alles Erschaffene hindurchschimmern, so dass sie es
zur Allegorie werden lassen.

Ich erkannte, dass in Wirklichkeit allem Erschaffenen die
Fähigkeit zu kommunizieren gegeben wurde, sei es über
die Sinne oder über den Verstand. Aber mehr noch: Ich
begriff, dass die Sprache des Schweigens soviel beredter ist
als die gesprochene Sprache, ja, dass sie der Essenz um soviel näher kommt, als es Worte jemals vermögen.

Was die gesprochene Sprache anbelangt, so kann man
mit dem Gesagten übereinstimmen oder es zurückweisen.
Die sinnbildliche Sprache dagegen ist die Sprache der
Wahrheit und der Gewissheit.

Die Sprache der Symbole wird von denen gesprochen, die über eine verfeinerte Wahrnehmung verfügen. Dagegen kommuniziert derjenige, der konventionelle Sprache benutzt, aus dem gewöhnlichen Zustand heraus, den wir alle kennen.

(Al-Muqaddisi)

5. Die Namen der Tiere

Allah lehrte Adam die Namen aller Tiere, die der Sterne, der Vögel, der Blumen, der Bäume und der Flüsse. Adam lernte sehr schnell und auch sehr gut, bis er schließlich vieles wusste.

Eines Tages fragte Allah die Engel nach den Namen all der Tiere, Blumen und Bäume. Da betrachteten die Engel sie alle sehr sorgfältig, aber ihre Namen kannten sie nicht. So sagten sie: »Gelobt seist Du! Wir haben kein Wissen außer dem, was Du uns lehrtest!«

(Qur'an 2:32)

6. Schöpfungsgeschichte

Gott der Erhabene schuf die Himmel und die Erde mit all ihren Schichten und dazwischen die sengenden Winde. Sodann hieß er einen Seiner Engel, sie emporzuheben und auf Seinem Nacken abzusetzen. Die Füße des Engels ruhten auf einem Rubin aus dem Paradies, unter dem Rubin stand ein Ochse, der den Engel zwischen seinen Hörnern trug. Dieser Ochse stand auf einer Kuppel, die wiederum auf dem Rücken eines Fisches ruhte. Der Fisch schwamm in einem Meer, das umgeben war von Luft, und ein gewaltiger Wind wehte ohne Unterlass.

(Türkische Legende)

7. Mensch und Tier

Das Kamel ist stärker als der Mensch,
der Elefant ist größer, der Löwe heldenhafter,
das Vieh frißt mehr als der Mensch und Vögel sind
   zeugungskräftiger.
Der Mensch wurde geschaffen, um zu lernen.

(Al Ghazali)

8. Vom Zähmen der Tiere

Ibrahim bat einmal Allah: »Zeige mir, wie Du die Toten
zum Leben erweckst!«
Allah erwiderte: »Glaubst du denn nicht?«
»Doch – nur auf daß mein Herz beruhigt sei!«

(Qur'an 2:260)

Da befahl Er Ibrahim vier Vögel zu fangen und zu zähmen
und wies ihn dann an:
   »Zerteile jeden in vier Teile und verteile diese auf vier
verschiedenen Bergen!«
   Ibrahim tat dies genau so. Als er zurückgekehrt war, sagte
Er: »Nun rufe die Vögel zu dir!« Da kamen sie geflogen und
ließen sich auf Ibrahims Schulter nieder.
   Dies zeigt die Macht von Weisheit und Liebe: Wenn ein
Mensch Tiere zähmen kann, so dass sie ihn kennen und zu
ihm zurückkehren, wie viel mehr werden die Menschen da
am Jüngsten Tag auf Gottes Ruf hören?

9. Vom Nutzen der Tiere – *Al-An'am* (Das Vieh)

Und das Vieh hat Er erschaffen, ihr habt an ihm Wärme
und vielfältigen Nutzen, und ihr eßt davon.
Und ihr habt ein Gefühl des Stolzes und einen Sinn
für dessen Schönheit,
wenn ihr es des Abends nach Hause treibt und des
Morgens auf die Weide führt.
Und es trägt eure schweren Lasten in Länder, die ihr
nicht
würdet erreichen können, außer mit betrübten Seelen.
Und erschaffen hat Er Pferde, Maultiere und Esel für euch
zum Reiten und zur Zierde.   *(Qur'an 16:5–8)*

Gott ist es, der für euch das Vieh schuf,
auf daß es euch zum einen zum Reiten,
zum anderen zur Nahrung nutzen möge.
Auch ist es euch sonst noch nützlich:
Auf daß es euch zur Erfüllung weiterer Bedürfnisse
dient,
die euch am Herzen liegen;
und auf ihm werdet ihr getragen wie auf Schiffen.
                                      (Qur'an 40:79–81)

Und gewiß werdet ihr beim Vieh ein weiteres lehrreiches
Zeichen finden:
Von dem, was aus den Körpern der Tiere kommt,
zwischen Ausscheidungen und Blut,
produzierten Wir für euch Milch als reinen und
angenehmen Trunk, für jene, die sie trinken.
                                      (Qur'an 16:68)

Und erschaffen hat Er Pferde, Maultiere und Esel für euch
zum Reiten und zum Vorzeigen   *(Qur'an 16:5–8)*

Ist der unglückselige Esel auch ein dummes Tier,
so wird er doch für sein Vermögen Last zu tragen geschätzt.
Ochsen und Esel, die Lasten tragen, sind besser
als Menschen, die andere quälen.   *(Saadi, Gulistan I, 20)*

10. Beute

Der Taucher, der sich vor dem Rachen des Krokodils
     fürchtet,
wird niemals die Perle von großem Wert finden!
Was kann der Tiger in den hintersten Winkeln seiner
     Höhle
denn schon fangen?
Welche Beute wird dem Falken, der stille sitzt,
     zufallen?
Suchst du dir Beute im eigenen Heim,
werden deine Arme und Beine wie die einer Spinne
     werden!   *(Saadi, Gulistan III, 27)*

11. Die Tränen der Tiere

Kein einziges Tier – kein Vogel, kein Fisch und keine
     Ameise –,
das sein Elend nicht gen Himmel geschrien hätte.
Es ist verwunderlich, daß die Seufzer all dieser Tiere nicht
     zu Wolken wurden,
aus welchen sich Sturzbäche ihrer Tränen ergossen.
          (Saadi, Gulistan III, 13)

12. Tiere am Tag des Gerichts

Niemand wird zu Unrecht etwas an sich nehmen können, der es am Tage des Gerichts nicht um den Hals tragen muß. Und wenn es ein Kamel war, wird es brüllen, eine Kuh wird muhen, und ein Schaf wird blöken.

(Hadith, Bukhari)

Wenn sich jemand ein Pferd hält, um es für die Sache Gottes einzusetzen, beseelt von seinem Glauben an Gott und dem Versprechen Gottes *(siehe Qur'an 9:111)*, so wird ihm am Tage des Gerichts das Futter und Wasser sowie Dung und Urin des Pferdes zu seinen Gunsten angerechnet werden.

13. Lailat- ul-Qadr

Lailat- ul-Qadr – die »Nacht der Macht« ist eine der letzten Nächte im Fastenmonat Ramadan. In den Stunden dieser heiligen Nacht soll sich die gesamte tierische und pflanzliche Schöpfung in Anbetung vor dem Almächtigen neigen, so heißt es. *(Qur'an 97,1-5)*

II.

Reittiere

Ein Ehrentitel des Propheten lautet:
Sahib al-Buraq, was bedeutet: Reiter des Burak[3].

Vom Erzengel Gabriel heißt es, dass er ein Pferd ritt namens
  Hin Hijawin.

Zu Seinen Zeichen zählen die Reittiere,
denn die Pfade sind mannigfaltig.[4]   *(Ibn ' Arabi)*

Mein Herz ist fähig, jede Form anzunehmen:
Es ist eine Weide für Gazellen und ein Kloster für den
  Mönch,
ein Tempel für Idole und die Kaaba des Pilgers, die Torah und
  der Qur'an.
Ich folge der Religion der Liebe:
Welchen Weg die Kamele der Liebe auch nehmen,
das ist meine Religion und mein Glaube.   *(Ibn ' Arabi)*

Das schnellfüßige Pferd bricht zusammen,
während das Kamel geduldig vorantrottet
                                  (Saadi, Gulistan VIII, 36)

Vertraue auf Gott – aber binde zuerst dein Kamel fest.
                                              (Hadith)

Weder belaste ich ein Kamel,
noch liegt die Last eines Kameles auf mir.
Weder herrsche ich, noch werde ich beherrscht.
                                  (Saadi, Gulistan II, 16)

Ein Kamel, darüber befragt, ob es lieber bergauf oder bergab
  ginge, antwortete dem Mann:
»Mir ist das Bergauf und Bergab nicht wichtig, sondern die
  Last!«   *(Derwischgeschichte)*

Aber jene, die den geflügelten Buraq ihrer Gedanken bestiegen,
erwiesen sich als die Vollkommensten unserer Art.
Erforsche dein inneres Wesen: wie am Firmament wird es
in deinem schwindligen Kopf kreisen und kreisen.

(Omar Khayaam, Rubaiyyat, Vers 27)

1. Das geflügelte Reittier

Muhammad hatte den Abend im Hause Fatimas, der Witwe von Abu Talib[5] verbracht. Nachdem er zusammen mit den Muslimen ihrer Familie das Nachtgebet verrichtet hatte, lud ihn ihre Tochter, Umm Hani, ein, die Nacht im Hause der Familie zu verbringen. Er nahm die Einladung an, erhob sich aber nach kurzem Schlaf und begab sich wie in so mancher Nacht in das Heiligtum, *Hijr,* neben der Ka'aba. Dort schlief er nochmals ein.

Die Schilderung Muhammads wurde von seinem Sohn Hasan überliefert: »Während ich im Heiligtum in Mekka schlief, kam Jibril zu mir und stieß mich mit dem Fuß. Ich setzte mich auf, sah aber nichts und legte mich wieder hin. Da kam er ein zweites Mal und stieß mich mit dem Fuß. Wieder setzte ich mich auf, legte mich aber wieder hin, als ich nichts sah. Schließlich kam er zum dritten Mal und stieß mich mit dem Fuß. Ich setzte mich auf, und er ergriff mich am Oberarm. Ich erhob mich und er führte mich hinaus zum Tor des Heiligtums. Da stand ein weißes Reittier, halb Maultier, halb Esel. An den Schenkeln hatte es zwei Flügel, mit denen es seine Hinterbeine vorantrieb, während es seine Vorderbeine dort aufsetzte, wohin sein Blick reichte.«

Es war Buraq, das Reittier, auf dem auch die Propheten vor ihm geritten waren und das seinen Huf bei jedem Schritt so weit setzte, wie sein Blick reicht. In manchen persischen Miniaturen wird es auch mit einem menschlichen Gesicht gezeigt und in indischen Darstellungen mit einem Schweif aus Pfauenfedern.

Als sich Muhammad dem Tier näherte, um aufzusteigen, scheute es, doch der Engel Jibril legte ihm die Hand auf die Mähne und sprach: »Schämst du dich nicht dessen, was du da tust, Buraq? Bei Gott, kein Edlerer hat dich vor ihm geritten!« Da schämte Buraq sich so sehr, dass er in Schweiß ausbrach, und hielt still, damit Muhammad aufsteigen konnte.

Mit Jibril an seiner Seite flog er nach Jerusalem, wo er zusammen mit Ibrahim, Musa und Isa ben Mariam inmitten anderer Propheten an dem Platz von Suleimans Tempel betete. Der Tempel, einst Stätte der Begegnung zwischen den Menschen und Gott, war in diesem siebten Jahrhundert von den Römern bereits in Schutt und Asche gelegt worden. Heute steht an dieser Stelle der Felsendom und gleich daneben die *al-Aqsa*-Moschee.

Muhammad leitete das Gebet. Sodann wurden ihm drei Gefäße gebracht, eines mit Wein, eines mit Milch und eines mit Wasser.

»Da hörte ich eine Stimme«, berichtete der Prophet, »die sagte: ›Wenn er das Wasser wählt, wird er ertrinken und ebenso sein Volk. Wenn er den Wein nimmt, wird er in die Irre gehen und ebenso sein Volk. Wenn er die Milch nimmt, wird er rechtgeleitet werden und ebenso sein Volk.‹ Da ergriff ich das Gefäß mit der Milch und trank davon, woraufhin Jibril zu mir sprach: ›Muhammad, du bist rechtgeleitet und ebenso dein Volk.‹«

Von dort trug Jibril den Propheten durch die Lüfte auf den Felsen des Tempelbergs und er stieg durch die ›sieben Himmel‹ empor zur Gegenwart Gottes.

Umm Hani erzählt: »Kurz vor Anbruch der Morgendämmerung weckte er uns und nachdem wir das Morgengebet zusammen gesprochen hatten, sprach er: ›O Umm Hani, ich habe gestern das zweite Nachtgebet mit euch hier in diesem Tal verrichtet. Dann kam ich nach Jerusalem und betete dort. Und nun habe ich das Morgengebet, wie du siehst, wieder hier mit euch gesprochen.‹

Mit diesen Worten erhob er sich, um fortzugehen. Ich aber ergriff den Saum seines Gewandes und bat ihn: ›O Prophet Gottes, erzähle den Leuten nichts davon, denn sie werden dich einen Lügner nennen und beschimpfen.‹

›Bei Gott, ich werde es ihnen erzählen!‹, erwiderte er jedoch.

Nun hatte ich eine abessinische Sklavin, und dieser befahl ich, dem Propheten zu folgen, um zu hören, was er den Leuten erzählte und was diese zu ihm sagten. Muhammad ging zu den Leuten und berichtete ihnen von seinem Erlebnis. Diese aber wunderten sich und sprachen: ›Was für einen Beweis hast du dafür? Wir haben noch nie so etwas gehört!‹

›Der Beweis dafür ist‹, erwiderte er, ›dass ich in dem und dem Tal an der Karawane des Stammes Soundso vorüber kam, und erschreckt von dem Geräusch meines Reittieres lief ihnen ein Kamel davon, das wiederzufinden ich ihnen dann half.‹«

In Mekka wurden daraufhin Erkundigungen eingezogen und man befragte die Leute der inzwischen eingetroffenen Karawane. Diese antworteten: »Er sagt die Wahrheit! Wir erschraken in jenem Wadi, das er genannt hat, und ein Kamel lief uns fort. Darauf hörten wir die Stimme eines Mannes, die uns den Weg wies, bis wir das Tier wiederfanden.«

2. Von den Reittieren des Propheten

Ibn 'Umar erzählte: »Der Prophet veranstaltete ein Pferderennen. Die Rennpferde liefen von Hafya nach Taniya al-Wada, die anderen Tiere von at-Taniya zur Moschee der Banu Zuraiq. Ich nahm an diesem Rennen teil.«

Sufyan ergänzt, dass die Distanz zwischen Hafya und Taniya al-Wada fünf oder sechs Meilen beträgt, die zwischen at-Taniya und der Moschee eine Meile.

Sahl berichtet: »Der Prophet besaß ein Pferd, das meist auf unserer Weide war. Es hieß al-Luhaif.«

Ya'sub, zu deutsch: ›Fürst‹, ›Herr‹ oder auch ›König der Bienen‹, war der Name eines der anderen Pferde Muhammads.

Abu Qatada berichtet, dass Muhammad gesagt habe, die besten Pferde seien schwarz und hätten eine weiße Stirn und Oberlippe.

Abu Wahhab berichtet, dass Muhammad gesagt habe, die besten Pferde seien die mit weißer Stirn und weißen Vorder- und Hinterbeinen.

Ibn 'Umar berichtet: »Der Prophet ließ Usama, einen seiner Gefährten, hinter sich auf al-Qaswa' – so hieß seine Kamelstute – aufsitzen.«

Mu'ad berichtet, dass er zusammen mit dem Propheten auf einem Esel ritt, der ›Ufair‹ hieß.[2]

Duldul hieß das Maultier des Propheten.

(Hadithen, Bukhari, u.a.)

3. Geschwindigkeit

Geschwindigkeit wird bei einem Pferd zur Tugend,
für sich allein betrachtet, besitzt sie keinerlei Vorzüge.

(Al Ghazali)

Reite auf der sanft schreitenden Stute des Wissens,
dann wird dir die Last allmählich von den Schultern fallen.[3]

(Rumi, Masnavi, Vers 3465)

4. Das geliebte Pferd

Tarmazi, der Heilige von Turkestan, sagte sich eines Tages:
»Ich liebe zwei Dinge: Meinen Sohn und mein geschecktes
Pferd. Wenn ich erfahren sollte, dass mein Sohn gestorben
ist, würde ich mein Pferd zum Dank hingeben, denn diese
beiden Dinge sind Götzen für meine Seele!«

(Fariduddin Attar, Mantiq at-Ta'ir)

5. Der schwarze Hengst des Pharao

**Aus einem Stab erzeugt Er eine Schlange, und durch die
Berührung eines Stabes läßt er reißende Wasser hervor-
strömen.** *(Fariduddin Attar, Matiq at-Ta'ir)*

Im Gegensatz zu Pharao hatte seine Gattin Asiya ein gutes
und offenes Herz, ja, man spricht von ihr als einer der vier
perfekten Frauen, zu denen auch Maria, die Mutter Jesus',
Khadija, die Ehefrau Muhammads und seine Tochter Fatima gezählt werden.

Glücklich war Asiya an Pharaos Seite mit Sicherheit
nicht, sonst hätte sie nicht gebetet: »Baue für mich in Deiner Nähe ein Haus in dem Garten. Und rette mich vor
Pharao und seinem Tun!« *(Qur'an 66:11)* Gerüchten zufolge
soll Pharao an ihrem Tod nicht ganz unbeteiligt gewesen
sein. Mit Sicherheit aber wurde er nach dem Tode seiner
Gattin zu einem noch grausameren Tyrannen.

Endlich erging die so lang ersehnte Weisung an Musa, sein Volk aus der Sklaverei in Ägypten zu führen. Des Nachts brachen die Bani Israel heimlich auf und machten sich auf den Weg aus Ägypten. Frauen und Kinder eingerechnet sollen es nahezu 700 000 Personen gewesen sein.

Sie hatten bereits das Ufer des Roten Meeres erreicht, da wurden sie von ihren Verfolgern eingeholt. Es schien kein Entrinnen zu geben. Sie klagten und machten Musa für ihre ausweglose Situation verantwortlich. Einige schwiegen bedrückt, andere diskutierten aufgeregt und laut. Auch Musa schien ratlos, und die Zeit drängte.

Da bahnte sich sein Freund Yusha'[4] einen Weg durch die aufgeregte Menge und trat vor ihn hin: »Wohin genau hat dir dein Herr befohlen, dass du uns führen solltest?«

Musa blickte überrascht auf und deutete mit seinem Stab auf das Meer hinaus. Da gab Yusha' seinem Pferd die Sporen und preschte geradewegs ins Meer hinein. Das Wasser schien sich zu teilen und es war, als ritte er hindurch. Ein zweiter Reiter folgte ihm, und im Nu waren sie außer Sichtweite. Doch das Volk blieb verwirrt und unschlüssig am Ufer stehen und rührte sich nicht. Alles Reden hatte mit einem Schlag aufgehört. Es war totenstill.

Da erschien Jibril und wies Musa an, mit seinem Stab auf das Meer zu schlagen. Und als sein Stab die Oberfläche des Meeres berührte, da teilte sich das Wasser und gab einen trockenen Korridor zwischen zwei Wänden aus Wasser frei. Zum ersten Mal beschien die Sonne den Boden des Meeres und die Bani Israel durchquerten das geteilte Meer bis zur Sinai Halbinsel.

Inzwischen war Pharao mit seinem Reiterheer am Ufer angelangt. Er ritt auf einem prächtigen schwarzen Hengst. Da erschien Jibril auf der Stute Hin Hijawin, dem Ross des Lebens. Scharf an Pharaos Hengst vorbeireitend, hielt auch er auf das Meer zu. Seiner Natur folgend war der Hengst nicht mehr zu halten und folgte der Stute in vollem Galopp. Alsbald war Pharao auf seinem Hengst mitsamt seiner Armee, die ihm gefolgt war, in den Fluten begraben.

Die Bani Israel waren sicher ans andere Ufer gelangt. Einige von ihnen mochten nicht glauben, dass Pharao tatsächlich tot war. Zu oft und zu lange hatten sie von seiner Unsterblichkeit gehört. Doch nach drei Tagen gab das Meer den aufgedunsenen Leichnam des Pharao frei und spülte ihn ans Land.

6. Suleimans Pferde

Nach dem Tod seines Vaters David trat Suleiman, der Sagenumwobene, der Weise und Prächtige, die Thronfolge an. Wie sein Vater, so war auch ihm als König und Propheten weltliche wie spirituelle Macht gegeben.

Anders als andere Könige, die aller Reichtum nur hartherzig und gierig nach mehr Reichtum und Macht machte, nutzte Suleiman, Friede sei mit ihm, seinen Reichtum für sein Volk. Wie schon sein Vater, so achtete auch Suleiman stets aufs sorgsamste darauf, dass sich nicht das geringste eigennützige Motiv mit seinen spirituellen Tugenden vermischte. So führte er nie Krieg aus Eigennutz, aus Freude am Erobern oder etwa aus Lust am Kampf, sondern als *jihad*, »Heiliger Krieg« – eben auch der Krieg gegen das eigene Ego –, im Dienste einer gerechten Sache.

Im ganzen Land erhielten die Armen Nahrung und Kleidung, so dass sie keine Not mehr leiden mussten, und er ließ ihnen Häuser, Straßen und Schulen bauen.

Was er für seinen täglichen Bedarf brauchte, verdiente er sich selbst mit seiner Hände Arbeit, ja, die gesamte Königsfamilie arbeitete für ihren Lebensunterhalt. Ein jeder von ihnen erfüllte seine Aufgabe in der Gesellschaft, so dass die Königsfamilie ein Vorbild für das ganze Volk war. So war es auch nicht verwunderlich, dass in seinem Land Frieden und Gerechtigkeit herrschten.

»Lieblich sind in den Augen der Menschen die Dinge,
die sie begehren: Frauen und Söhne, sich türmende
   Horte von Gold und Silber,
Pferde gebrandmarkt (zum Zeichen ihres Geblüts und ihrer Vortrefflichkeit),
und (Reichtum an) Vieh und wohlbestelltem Land.
Derart sind die Besitztümer in diesem weltlichen Leben,
aber in der Nähe zu Allah liegt das Beste aller Ziele.«

(Qur'an 3:14)

Auch Suleiman besaß Pferde. Prächtige Tiere aus edlem Geblüt. Er selbst achtete darauf, dass es ihnen an nichts fehlte. Er liebte seine Pferde im Wissen, dass sie nicht dazu bestimmt waren, den königlichen Reichtum vorzuführen, sondern dazu, ihm und seinem Heer als Reittiere bei ihren Eroberungen und Schlachten zu dienen.

Es waren Pferde, auf die im Arabischen der Begriff *Safinat* angewendet wird, was bedeutet, dass sie, wenn sie sich wohl fühlen, fest auf drei Beinen stehen, während der Huf des vierten den Boden nur leicht und ohne Gewicht berührt. Dies spricht für gute Zucht und ausgeglichenes Temperament, gepaart mit Schnelligkeit. Es sind seltene Pferde. Pferde, von denen es heißt, dass sie eins werden mit ihrem Reiter.

Des Abends ließ Suleiman sie sich vorführen – eine herrlich anzuschauende Parade, wie sie stolz und leichtfüßig vorbeitrabten. Als sich die Sonne in den Schleier der Nacht hüllte, trennte er sich von dem Anblick, der sein Herz erfreute, um seine Gebete zu verrichten.

Danach ließ er sie sich noch einmal vorführen. Und wie sie vor ihm standen, sagte er: »Ich liebe alles Gute und Schöne, denn es lässt mich an Allah denken«, und seine Hand strich ihnen liebkosend über Mähne und Vorderbeine. Eigenhändig striegelte er ihr Fell,bis es glänzte.

Als er in seinen Thronsaal zurückkehrte, saß dort jemand auf seinem Thron. Als er näher kam, sah er den leblosen Körper eines Mannes, der ihm glich. Suleiman, Friede sei mit ihm, erschrak sehr und mit einem Schlag begriff er, dass wieviel irdische Macht er auch haben mochte, wie unermesslich all sein Reichtum und wie verbreitet sein Ruhm auch sein mochte, er doch einem entseelten Körper auf dem Thron glich, wenn er bei seinem Tun und Denken den göttlichen Funken außer Acht ließ.

Und so wandte Suleiman sich an Gott und nachdem er Ihn um Vergebung gebeten hatte, bat er darum, dass ihm Macht gegeben werde – so viel Macht, wie kein anderer würde tragen können, auf dass er sie trage, ohne sie zu missbrauchen: »Denn Du bist der Gewährer der großzügigen Gaben ohne Zahl!« *(Qur'an 38:35)* Da unterstellte Gott den Wind seinem Befehl, die Dschinnen und die Teufel.[6] Den Wind, der ihm zu Willen war, hieß er seine Handelsschiffe sicher über die Weltmeere in fremde Länder geleiten. Den Dschinnen, die in seinen Diensten standen, wies er Aufgaben zu, wie hinabzutauchen auf den Grund der tiefsten Meere und ihm kostbare Perlen zu holen, und sie brachten ihm auch Gold, Silber, Edelsteine – alles, wenn es nur wertvoll genug war. Seine Schatzkammern füllten sich stets von Neuem mit den Kostbarkeiten der Welt.

Gott gewährte ihm Macht und großzügige Gaben in solcher Zahl, dass es jedes Maß überstieg.[7] Dazu blieb es Suleiman allein überlassen, ob und wie viel er davon weiteŮgab und ob und wie viel er für sich behielt: »Derart sind Unsere großzügigen Gaben; ob du sie anderen zuteil werden lässt oder sie zurückhältst – keine Rechenschaft wird verlangt werden!«*(Qur'an 38:39)* Und Suleiman widerstand dieser übergroßen Versuchung!

Nach seinem Tode zerfiel sein Königreich, sein Name aber und sein Ruhm überdauerten.[8] Und mehr noch: Ihm wurde ein Platz gewährt in den Reihen derer, die Allah am nächsten sind.

Kommentar von Rumi:

Suleiman bat: »Herr, vergib mir und gib mir ein Reich, das keinem nach mir zukommt!« *(Qur'an 38:35)* Das klingt wie Neid, aber es ist kein Neid.

Lies diese geheimnisvollen Worte mit deinem Herzen. Was er sagt, ist: »Lass niemandem nach mir diese Macht zukommen!«, denn er erkannte all die Gefahren in der Herrschaft und in der Macht auf dieser Welt; Gefahr für das Leben, für die Seele, für den Glauben. Es gibt keine größere Prüfung als diese, und es bedarf des hohen Sinns eines Suleimans, um diesen hunderterlei Farben und Düften entkommen zu können.

Obwohl er solch große geistige Kraft und Stärke hatte, konnte selbst ihm die Woge der weltlichen Macht den Atem rauben, und aus diesem Grund hatte er Mitgefühl mit den Königen dieser Welt, und bat für sie: »Da Du mir dieses Banner, diese Macht gegeben hast, gib sie mir mit allem Glanz und aller Vollkommenheit!

Wem immer du sie gibst, der wird Suleiman sein. Und so werde ich es sein!« *(Masnavi, Vers 2615 ff.)*

7. Das Zauberpferd

Es war einmal ein guter König, der hatte zwei Söhne. Der Ältere half den Menschen auf eine Weise, die sie verstehen konnten und erlangte große Ehre und Ansehen in seinem Land. Den Jüngeren aber hielten die Leute für einen Träumer und meinten, er sei eben faul.

Eines Tages erhielt der jüngere Sohn von einem Schreiner ein einfaches Holzpferd zum Geschenk. Ohne zu zögern setzte er sich auf das Pferd, das trotz seines schlichten Aussehens ein Zauberpferd war und seinen Reiter, sofern er aufrichtig war, zur Sehnsucht seines Herzens trug. Und so verschwand der Prinz mit seinem Zauberpferd auf der Suche nach der Sehnsucht seines Herzens.

Lange Zeit blieb er fort und erlebte viele Abenteuer, ehe er mit einer Prinzessin aus dem Land des Lichts zurückkehrte. Der König war überglücklich über die Rückkehr seines Sohnes, den er über alle Maßen liebte.

Der König war weise und nachdem er die Erzählungen seines Sohnes von dessen Abenteuern und den Wunderkräften des Zauberpferdes gehört hatte, gab er seine Zustimmung, dass das Zauberpferd jedem in seinem Lande, der es wünschte, zur Verfügung gestellt würde.

Doch den Menschen kam dies seltsam vor, denn in ihren Augen war das Pferd ein simples Spielzeug. Sie schätzten die offenkundigen und beeindruckenden Taten des älteren Prinzen und die deutlichen Vorteile, die sie mit sich brachten, weit höher ein.

Der alte König starb. Man respektierte seinen Wunsch und der jüngere Prinz – »der, der es liebte, mit Spielzeug zu spielen« – wurde sein Nachfolger. Die Menschen aber brachten ihm nur Verachtung entgegen; sie bevorzugten die aufregenden und interessanten Entdeckungen des älteren Prinzen.

Solange wir nicht auf den »faulen« Prinzen hören – ob nun eine Prinzessin aus dem Land des Lichts bei ihm ist oder nicht –, werden wir nicht in der Lage sein, von der äußeren Erscheinungsform des Pferdes abzusehen. Und selbst wenn uns das Pferd gefiele, es ist nun mal nicht seine äußere Form, die uns helfen kann, an unser Ziel und zur Sehnsucht unseres Herzens zu gelangen.

(Traditionelle Derwischgeschichte)

8. Salih und das Kamel

Die Seele gleicht Salih, der Körper dem Kamel.
Die Seele ist in die Einheit getaucht, der Körper in die Bedürfnisse.
Salihs Seele wird vom Unheil nicht berührt; die Schläge fallen auf
das Kamel – nicht auf die Seele.

(Rumi, Masnavi, Vers 2524)

Das Volk von Thamud[9] lebte in Höhlen, die aufs Kunstvollste in den Fels gehauen und reich verziert waren. Es war ein reiches Volk, dessen Reiche immer reicher wurden, und immer anmaßender.

Wer dazugehörte, leistete sich ein öffentliches Denkmal, um es nach der Fertigstellung zur Anbetung freizugeben. Zur kostenpflichtigen Anbetung. Überhaupt war alles sehr teuer und wurde immer teurer und teurer. Die Armen mussten nicht nur für das Wasser bezahlen, wollten sie ihre Herden weiden, so hatte die Benutzung der Weide ihren Preis, wie auch der Zugang zur Tränke. Es gab nur wenige Wiesen und das Wasser war knapp.

Als Salih begann, ihnen von Mäßigkeit zu sprechen, von Erleichterungen für die Armen und von Gott, dem Einen, Einzigen, wollte man in Thamud bald nichts mehr von ihm hören. Man war enttäuscht von Salih, der nicht nur einer der ihren war, sondern einer, der etwas galt, auf den man große Hoffnungen gesetzt hatte, denn trotz seiner Jugend schien er das Zeug zu haben, einer ihrer Großen werden zu können.

Salih aber redete weiter zu ihnen. Er redete unbeirrt und unentwegt. Und er hörte nicht auf zu reden. Natürlich waren es die Armen, die sich um ihn scharten. Die Gruppe wuchs. Salih fuhr fort, unbeirrt und hartnäckig. Und die Reichen dachten nach:

»Woher wollt ihr wissen, dass Salih ein Botschafter seines Herrn ist?«, wandten sie sich an das einfache Volk, das sich um Salih gesammelt hatte.

»Weil wir dieser Botschaft eben Glauben schenken!« Auf eine solche Antwort gab es nichts zu erwidern. So wandten sie sich direkt an Salih und warfen ihm vor:

»Du bringst uns Unglück, du spaltest unser Volk in zwei Parteien!« Aber gespalten in Arm und Reich waren sie ja schon längst.

Warum solle man ihm Glauben schenken?, fragten sie sich. Ja, wenn er doch nur ein Zeichen vorzuweisen hätte, irgendeinen Beweis – dann... Gott gewährte das Zeichen und Salih brachte eine lebende Kamelstute[10] aus dem Fels hervor.[11]

Die Botschaft an Salih lautete: »Ertrage ihre Schlechtigkeit! Ermahne sie! Es ist nicht mehr viel übrig von der Zeit, die ihnen zugedacht ist.« *(Masnavi, Vers 2556)* Und so sagte Salih:

»Diese Kamelstute ist niemandes Besitz; sie gehört Allah, und ihm allein!« Und damit es niemand überhörte, wiederholte er es vorsichtshalber einige Male.

Sie war ein herrliches Tier mit wunderschönen großen Augen und ihr Maul war so geformt, dass sie stets ein wenig zu lächeln schien. Ihr Fell glänzte leicht, es war von jener sanften ruhigen Farbe des Wüstensandes und – sie war ein freies Tier. Einzig auf Salihs Ruf hin kam sie. Ansonsten streifte sie umher, ungehindert und frei konnte sie auf den Weiden grasen und aus den Tränken trinken.

Doch mochte sie noch so schön sein oder ein Zeichen Gottes – die Reichen von Thamud machte sie nicht ein bißchen großzügiger. Dabei war es so wenig, was von ihnen verlangt wurde: Ein Kamel sollten sie unter sich dulden, das ihnen nicht gehörte, das ihnen augenscheinlich auch keinen Nutzen brachte – und doch war es ein Zeichen, das ihnen die Augen öffnen konnte, würden sie nur richtig damit umgehen. Würde es ihnen gelingen an diesem Beispiel ihre Bereitschaft zu zeigen, das Gesetz der Gleichheit in Zukunft zu respektieren, das allen Menschen das Anrecht auf Wasser gab?

Es war so wenig, was da von ihnen verlangt wurde, dass es ihnen unwahrscheinlich vorkam. Und warum sollte ihnen Gott auch ein Kamel senden? Ausgerechnet ein Kamel. Ein Kamel von Salih aus dem Fels hervorgeholt! Und wer war schon Salih! Ein Prophet? Ein Hexenmeister? Vielleicht war er auch einfach nur verrückt geworden? Oder wollte er auf diesem Wege die Macht über Thamud und seine Einnahmequellen übernehmen?

Noch einmal ging Salih hin, um Rat zu geben. Er machte frische Milch mit Zucker und mischte Milch und Honig in seine Worte. Aber in ihrem Inneren wurden diese Worte zu Gift. »Ich werde dich segnen. Ich werde ein Pflaster auf deine Wunden legen«, sprach Er. »Warum sollte ich mich nun grämen, da der Gram überwunden ist?«, antwortete Salih. *(Masnavi, Vers 2564)* Doch man wollte nichts mehr hören von Salih. Neun Männer aus der mächtigsten Familie verschworen sich und beschlossen der Sache ein Ende zu bereiten. In der Nacht zerschnitten sie der Kamelstute die Kniesehnen und der Skrupelloseste unter ihnen erschlug sie.

»Rührt sie nicht an!«, war Salih nicht müde geworden, ihnen zu predigen. »Rührt sie nicht an, sonst wird Schreckliches geschehen!« *(Qur'an 26:156)* Nun war sie tot – und nichts geschah! In ganz Thamud wurde gefeiert.

»Drei Tage bleiben euch noch, um euch in euren Häusern zu erfreuen. Nun ist es unabänderlich!«, sagte Salih. *(Qur'an 11:65)* Wer aber, außer wenigen Anhängern, wollte nun noch von ihm und seinem Gott etwas hören?

Zusammen mit seinen Freunden, Schülern und Getreuen verließ Salih die Stadt. Das Erdbeben am dritten Tag ließ den Fels einstürzen und mit ihm die Höhlenstadt, deren Bewohner allesamt unter ihren kunstvollen Behausungen begraben wurden.

(siehe auch: Qur'an 7:73–79, 11:61–68, 26:141–159, 27:45–53)

Kommentar von Rumi: »Wenn ihr einen Beweis für meine Worte wollt, so versucht das Fohlen des Kamels zu fangen, das in die Berge gelaufen ist. Wenn es euch gelingt, es zu fangen, so gibt es noch Hilfe für euch.« Als sie diese Worte hörten, rannten sie wie die Hunde, um nach dem Kamel zu suchen, doch niemand konnte das Fohlen fangen. Es war in die Berge gelaufen und verschwunden.

9. Die Kamelsänfte

Es war mitten in der Nacht, als Muhammad, der sich nach einem Feldzug mit seinem Heer auf dem Heimweg befand, den Befehl zum baldigen Aufbruch gab. Aisha entfernte sich allein vom Heerlager, um vor dem langen Nachtritt noch ihre Notdurft zu verrichten.

Wenn sich der Gesandte Gottes auf Reisen begab – und das galt auch für Feldzüge –, pflegte er das Los darüber entscheiden zu lassen, welche seiner Frauen ihn begleiten würde. Diesmal war es auf Aisha, seine Vielgeliebte, gefallen.

Der Vers über den Schleier war bereits offenbart worden und so wurde Aisha vor fremden Blicken geschützt in einer Kamelsänfte befördert, und wenn Rast gemacht wurde, ließ man sie in ihrer Sänfte vom Kamel herab.

Aisha war schon fast wieder am Lager angelangt, da bemerkte sie, dass sie ihre Halskette aus jemenitischem Achat verloren hatte und sie ging zurück, um sie zu suchen.

Als sie schließlich zum Lagerplatz zurückkam – ihre Kette hatte sie wiedergefunden –, fand sie sich mutterseelenallein, denn der Befehl zum Aufbruch war längst ergangen. Aisha war noch sehr jung und schlank dazu; so hatten die Männer, als sie ihre Sänfte aufs Kamel hoben, nicht bemerkt, dass diese leer war.

Aisha war jedoch nicht sonderlich beunruhigt, denn sie war überzeugt, dass man ihr Fehlen bald bemerken und nach ihr suchen würde. Während sie nun dasaß und wartete, schlief sie ein.

Safwan Ibn al-Mu'attal as-Sulami, der hinter der Heereskarawane zurückgeblieben war, um alles aufzulesen, was versehentlich zurückgelassen worden war, erreichte das verlassene Lager mit der ersten Dämmerung. Dort fand er eine zierliche, in Schwarz gehüllte Frauengestalt liegen, in der er sogleich Aisha erkannte, die er vor der Offenbarung des Schleierverses oft genug gesehen hatte.

Ihm war die prekäre Lage nur zu bewusst, doch was sollte er tun? Er ließ seine Kamelstute niederknien und rief laut: »Wir leben für Gott und zu ihm kehren wir zurück!« – eine Gebetsformel, die man spricht, wenn man sich in einer schwierigen oder unglücklichen Situation befindet. Da erwachte Aisha und erhob sich. Safwan hielt sein Kamel, so dass sie aufsteigen konnte, dann führte er es am Zügel und schritt nebenher.

Zur Zeit der größten Mittagshitze erreichten sie die Karawane des Propheten, die gerade Rast einlegte. Soeben erst hatte man Aishas Abwesenheit bemerkt und schon machten die ersten Spekulationen und Verleumdungen über die Gründe ihres Zurückbleibens die Runde.

Kaum war Aisha mit der Karawane wieder zu Hause in Medina angelangt, erkrankte sie so schwer, dass sie einen Monat das Bett hüten musste, was Anlass zu weiteren Gerüchten gab.

Der Prophet besuchte sie zwar, aber ihr kam es vor, als sei er nicht ganz so liebenswürdig wie sonst. Als es ihr wieder besser ging, erfuhr sie auf einem abendlichen Spaziergang von ihrer Freundin Umm Mistah bint Abi Ruhm von den verleumderischen Beschuldigungen, die die Runde machten. Sie erbleichte und ihr war, als sei mit einem Schlag alle Kraft von ihr genommen. Bereits auf dem Nachhauseweg fühlte sie ihre Krankheit zurückkehren.

Kaum, dass sie in ihrem Haus angelangt war, kam Muhammad, um sie zu besuchen. Sie wollte für eine Weile zu ihren Eltern, sagte sie, denn sie mußte mehr darüber in Erfahrung bringen, was es mit all dem auf sich hatte, und bat Muhammad um seine Zustimmung, die er gab.

Ihre Mutter tröstete sie. Aisha solle sich beruhigen und sich keine Sorgen machen: »Bei Gott, es ist wohl noch nie vorgekommen, dass eine attraktive Frau, die von ihrem Mann geliebt wird, nicht von dessen Nebenfrauen mit Missgunst und Eifersucht überschüttet wird!«

Aisha seufzte: »Wenn es nur das wäre!«, und weinte die ganze Nacht hindurch. Die Situation spitzte sich zu. Am Morgen rief Muhammad 'Ali und Usama zu sich und befragte sie, ob er sich wohl von seinen Frauen scheiden lassen solle?

Usama wies darauf hin, daß Muhammad doch große Zuneigung zu seinen Frauen empfände: »O Gesandter Gottes, bei Gott, wir wissen nur Gutes über dich und deine Familie!« *(Bukhari)* 'Ali dagegen sagte: »O Gesandter Gottes! Gott hat dir freie Hand gegeben, und es gibt viele andere Frauen!« Als Aisha später erfuhr, wie 'Ali gesprochen hatte, nahm sie ihm das sehr übel, ja so recht sollte sie es ihm nie verzeihen.

»Frage doch Barira, Aishas Dienerin. Sie wird dir die Wahrheit sagen!« , hatte 'Ali ihm noch geraten, und so ließ Muhammad Barira rufen. Sie sagte: »Nein, bei Dem, Der dich mit der Wahrheit gesandt hat! Nie habe ich etwas beobachtet, was ich ihr vorwerfen könnte! Ich könnte höchstens sagen, dass sie noch sehr jung ist und manchmal den Teig stehen lässt – und dann kommt die Ziege und frisst ihn auf!«

Die schöne Zainab, die stets mit Aisha um seine Gunst zu wetteifern pflegte, hatte Muhammad bereits befragt, und auch sie legte für Aisha Zeugnis ab: »O Gesandter Gottes, ich habe meine Augen und Ohren stets offen gehalten! Aber, bei Gott, ich weiß nur Gutes über Aisha!« *(Bukhari)*

Am selben Tag stieg der Prophet auf die *Minbar*[12] in der Moschee und fragte die dort Versammelten, ob jemand von ihnen die Behauptungen 'Abdullah Ibn Ubai Ibn Saluls, der vor allen anderen schwere Verdächtigungen gegen seine Familie geäußert hatte, bestätigen könne: »Wie wagt ihr es, das Haus des Propheten Gottes zu verdächtigen! Bei Gott, ich weiß nur Gutes über meine Familie! Und mit Safwan wird ein Mann beschuldigt, über den ich nur Gutes sagen kann! Niemals hat er mein Haus betreten, ohne dass ich dabei war.«

Da erhob sich unter den Versammelten Sa'd ibn Mu'ad und verlangte zu wissen, zu welchem Stamme 'Abdullah Ibn Ubai gehöre, denn falls er vom Stamm der Aus sei, würde er ihm persönlich unverzüglich den Kopf abschlagen. Auch falls er zu den befreundeten Hazrag gehöre, bedürfe es nur eines Wortes von Muhammad...

Da erhob sich Sa'd ibn 'Ubada, Anführer der Hazrag, und ein rechtschaffener Mann, der nun aber aufbrauste und schrie Sa'd ibn Mu'ad an: »Du, du wirst Abdullah nicht töten!« Ein Wort gab das andere und schon waren die Aus und Hazrag so in Zorn geraten, dass sie kurz davor waren, zu den Waffen zu greifen. Da stieg Muhammad von der *Minbar* herab und redete auf beide Parteien ein, bis die Streitenden sich beruhigt hatten.

Danach begab er sich zu Aisha, die weinend zu Hause saß. Nun waren es schon zwei Nächte und ein Tag, dass sie unentwegt weinte. Es zeriss ihr das Herz. Ihre Eltern waren bei ihr, und auch Muhammad setzte sich zu ihr, was er seit dem Tag, an dem die Vorwürfe gegen sie erhoben worden waren, nicht mehr getan hatte. Ein Monat war seitdem vergangen, ohne dass er eine Offenbarung empfangen hatte, die ihm Klarheit in dieser Angelegenheit hätte verschaffen können.

»O Aisha, man hat mir dieses und jenes über dich erzählt. Wenn du unschuldig bist, wird Gott dich von aller Schuld freisprechen. Wenn du dich aber schuldig gemacht hast, so bitte Gott um Verzeihung und wende dich ihm in Reue zu. Denn wenn ein Mensch sich zu seinen Verfehlungen bekennt und sie bereut, wird Gott sich ihm wieder zuwenden.«

Da konnte Aisha keine Tränen mehr weinen, ihr war, als erstarre sie. »Vater«, wandte sie sich an Abu Bakr, »antworte du dem Gesandten Gottes an meiner Stelle!« Jener entgegnete aber: »Bei Gott, ich weiß nicht, was ich sagen könnte!« Da wandte sie sich an ihre Mutter, die aber auch nichts zu sagen wusste. Da sagte Aisha in ihrer Verzweiflung mutige Worte, die reifer waren als ihr Alter: »Bei Gott, ich weiß, dass ihr auf das verleumderische Gerede der Leute hört! Es hat sich in euren Köpfen festgesetzt, und ihr glaubt daran! Und wenn ich beteuere, dass ich unschuldig bin, schenkt ihr mir keinen Glauben! Wenn ich aber eine

Schuld eingestehen würde, während Gott doch weiß, dass ich unschuldig bin, dann würdet ihr mir glauben!«

Nach diesen Worten wandte sie sich von ihren Eltern und ihrem Geliebten ab. In ihrer Verzweiflung hoffte sie, Muhammad würde im Schlaf einen Traum haben, in dem Gott ihre Unschuld bestätigte, doch noch hatten sich ihre Eltern nicht entfernt und auch der Prophet saß noch bei ihr, da kam eine Offenbarung über ihn mit solcher Stärke, dass ihm der Schweiß von der Stirne lief, obwohl es kalter Winter war.

Die Offenbarung lautete: »Diejenigen, die die Lüge aufgebracht haben, sind eine Gruppe von euch. Denkt nicht, dies sei schlecht für euch; im Gegenteil, es gereicht euch zum Guten. Jeder von ihnen wird die gerechte Bestrafung, die er für die Sünde verdient hat, erhalten. Und der, der den Hauptanteil trägt, wird eine schwere Strafe erhalten.« *(Qur'an 24:11)* Als die Offenbarung vorüber war, lachte der Prophet und sagte als Erstes zu Aisha gewandt: »O Aisha, preise Gott, denn Er hat deine Unschuld bestätigt!« Ihre Mutter sagte: »Aisha, steh auf und danke dem Gesandten Gottes!« Aisha aber entgegnete: »Nein, bei Gott, das werde ich nicht tun! Allein Gott werde ich preisen!«   *(Hadith, Bukhari)*

10. Der Prophet Muhammad und das Kamel

Einst ging der Prophet in einen Palmengarten, in dem sich ein Kamel befand. Als das Kamel den Propheten sah, brüllte es und seine Augen tränten. Da ging er zu ihm, und als er ihm über den Höcker strich und es hinter den Ohren streichelte, wurde das Kamel ruhig.

»Wem gehört das Kamel? Wem gehört das Kamel?«, fragte der Prophet.

Ein Junge von den Ansar[13] kam herbei und sagte: »Es gehört mir, o Gesandter Gottes.«

»Fürchtest du Gott etwa nicht wegen dieses Tieres, welches Er dir gegeben hat? Denn es hat sich bei mir beklagt, dass du es hungern lässt und zur Erschöpfung treibst!«

(Hadith, Nauawi)

11. Das Kind eines Kamels

Einst bat ein Mann den Propheten Muhammad um ein Kamel. »Ich werde dir das Kind eines Kamels geben«, sagte Muhammad. »Aber wie soll denn das Kind eines Kamels einen so schwergewichtigen Mann wie mich tragen können?«, fragte der Mann. »Ganz einfach«, erwiderte der Prophet. »Ich werde deinen und meinen Wunsch erfüllen: Nimm dieses ausgewachsene Kamel – ist es nicht der Sohn eines Kamels?«

(Hadith)

12. Drei fette trächtige Kamelstuten

Der Prophet fragte uns: »Würde es nicht einem jeden von euch gefallen, wenn er nach Hause käme, dort drei fette und trächtige Kamelstuten vorfände?«

Wir sagten: »Das würde uns gefallen!«

Darauf sagte der Gesandte Gottes: »Drei *ayat (Qur'anvers)*, die einer von euch in seinem *salat (rituelles islamisches Gebet, das fünf Mal täglich verrichtet wird)* rezitieren mag, sind besser als drei große, fette und trächtige Kamelstuten.«

(Hadith, Abu Huraira, aus: Fade'il-e-Qur'an)

13. 'A'ishas Frage

'A'isha berichtet: »Ich sagte: ›O Gesandter Gottes, angenommen, du machst in einem Tal Rast, in dem ein
Strauch ist, von dem die Tiere schon gefressen haben,
und ein zweiter Strauch, der noch unberührt ist! An welchem dieser beiden Sträucher lässt du dein Kamel weiden?«

Der Prophet antwortete: ›An dem unberührten Strauch!‹

(Hadith, Bukhari)

14. Allegorie vom Kamel

Mag die Reise noch so lang und mein Gepäck noch so
schwer sein – ich bringe sie beherzt zu Ende, ungeachtet
der Gefahren, die die Wüste birgt und ungeachtet der rau-
hen Behandlung, die mir oft zuteil wird.

Von Natur aus habe ich ein freundliches und gehorsames
Wesen, bin nicht hinterhältig und nicht leicht zu entmuti-
gen. Unterwegs eile ich nicht kopflos voran, und obwohl
es mir ein Leichtes wäre, auch den kräftigsten Mann abzu-
schütteln, so lasse ich mich selbst von einem Kind führen.
Voll Gleichmut ertrage ich den brennenden Durst des Sü-
dens.

Guten Mutes ziehe ich auch auf morastigen, rutschigen
Straßen meines Weges und niemals weiche ich vom vorge-
gebenen Pfad ab. So gerne ich auf Feld und Wiese grase,
unterwegs bescheide ich mich mit der wenigen Nahrung,
die ich gerade finde, und ich halte nicht an, ehe ich nicht
an dem Ort angelangt bin, der am Ende der Pilgerreise eines jeden Lebens steht.

(Al-Muqaddisi)

15. Das tanzende Kamel in der Wüste

Einst war ich unterwegs zum Hijaz und reiste in Gesellschaft einiger junger und gottergebener Gefährten. Unterwegs rezitierten sie Verse von mystischer Bedeutung. Ein anderer Reisender hatte etwas gegen ihre Aktivitäten und weigerte sich, ihre mystische Neigung zu respektieren oder anzuerkennen.

Als wir bei der Beni Hilal Oase anlangten, kam uns ein Araberjunge entgegen, der ein Lied sang, das selbst die Vögel vom Himmel hätte locken können. Das Kamel des Spötters begann zu tanzen, warf seinen Reiter ab und rannte hinaus in die Wüste. Ich bemerkte: »Guter Herr, Ihr bleibt ungerührt, dieses Lied aber hat sogar ein Tier bewegt!«

Weißt du, was der Singvogel am Morgen zu mir sagte?

Was für ein Mensch bist du – der Liebe nicht gewahr!

Beim Hören dieses arabischen Liedes wird ein Kamel entzückt und freudig, verspürst du keine Freude daran, bist du ein Tier!

Wenn der Wind über das Weideland weht,
beugen sich die Äste und nicht der kalte Stein.
Alles, was du siehst, lobpreist Ihn – das hörende Herz weiß dies.
Es ist nicht allein die Nachtigall auf dem Rosenbusch, die Ihn
preist;
auch ein jeder Dorn gibt seinen Lobpreis.

(Saadi, Gulistan II, 26)

16. Das Kind und das Kamel

Das Kamel ist bekannt für seine Gefügigkeit. Nimmt ein Kind es am Halfter, lässt es sich von ihm führen und wird ihm hundert *Parasang*[14] weit folgen. Sobald aber ein gefährliches Wegstück kommt, auf dem Gefahr droht, so wird es sich weigern, weiter zu gehen.

So wie es heißt: »Wird es bitterer Ernst, so ist Sanftheit nicht mehr angebracht.« Ein Feind wird gefährlicher, wenn du ihm Sanftheit entgegenbringst. *(Saadi, Gulistan VIII, 85)*

17. Das Kamel und das Beduinenzelt

Ein Beduine, der durch die Wüste wanderte, schlug abends zum Schlafen und gegen die Kälte der Wüstennacht sein kleines schwarzes Beduinenzelt auf.

Er war am Einschlafen, da stupste ihn sein Kamel sanft: »Meister, es ist so kalt, darf ich meine Nase ins Zelt stecken, um sie zu wärmen?«

Der Beduine erlaubte es ihm und schlief wieder ein. Doch nicht lange darauf, da stupste ihn das Kamel schon wieder: »Meister, es wird kälter, darf ich meinen Kopf ins Zelt stecken?«

Der Beduine erlaubte es ihm und schlief wieder ein. Da bat das Kamel ein drittes Mal, diesmal darum, seinen Hals in das Zelt stecken zu dürfen.

Der Beduine erlaubte es ihm und schlief wieder ein. Da zwängte sich das Kamel, diesmal ohne zu fragen, ganz und gar in das Zelt hinein.

Der Beduine lag nun völlig bloß und ungeschützt im Freien. Das Zelt, das das Kamel umgerissen hatte, hing ihm

auf dem Höcker. Da wunderte sich das verwirrte Kamel:
»Wo ist denn bloß das Zelt geblieben?«

(traditionelle Derwischgeschichte)

18. Der wieder auferstandene Esel

Es war einmal ein Mann, der durch ein verfallenes Dorf
kam. Es heißt, er sei ein rechtschaffener und gläubiger
Mann gewesen, als er aber nun die zerfallenen Trümmer
betrachtete, fragte er sich, wie Allah dies alles wieder zum
Leben würde erwecken können.

Da ließ ihn Gott für hundert Jahre tot sein. Als Er ihn
dann wieder zum Leben erweckte, fragte Er den Mann:
»Wie lange hast du nun so verharrt?«

»Vielleicht einen Tag oder den Teil eines Tages«, antwortete dieser.

»Nein, du verharrtest so einhundert Jahre lang! Nun betrachte deine Speise und deinen Trank: Sie sind nicht ver-
dorben. Und betrachte deinen Esel und die Knochen, wie
Wir sie wieder zusammenfügen und mit Fleisch beklei-
den.«

Als sich dies vor seinen Augen zutrug, sagte der Mann:
»Ich weiß, dass Gott Macht über alle Dinge hat!« *(Qur'an
2:259)*

19. Der Esel auf Reisen

Und wenn Jesu Esel nach Mekka ginge,
auch nach seiner Rückkehr bliebe er Esel.
Lege einem Esel leichtere Last auf,
damit er leichter reisen möge.
Manch ein schnellfüßiges Pferd brach zusammen,
während der lahme Esel das Ende der Reise lebend
    erreichte. *(Saadi, Gulistan, VII, 1 + 17; II, 16)*

20. Pferdestute und Eselsfohlen

Kein Weizen, den du säst, wird Gerste hervorbringen.
Hast du je gesehen, wie eine Pferdestute ein Eselsfohlen
    warf? *(Rumi, Masnavi Vers 1655)*

21. Das Verständnis eines Esels

Die Lesart des Unwissenden: Wie ein Esel, der eine Melone frisst, die er zuvor im Dreck zerstampft hat.

(Orientalisches Sprichwort)

22. Der bücherbeladene Esel

So viel du auch studieren magst, ohne zu handeln kannst du nichts wissen.

Ein mit Büchern beladener Esel ist weder ein Intellektueller noch ein weiser Mann.

Wenn es ihm am Wesentlichen mangelt, welche Gelehrsamkeit besitzt er – gleich, ob er Feuerholz oder Bücher schleppt! *(Saadi)*

23. Tatkräftige Unterstützung

Wenn du einen Esel siehst, der mit seiner Last im Dreck
feststeckt, so bedaure ihn aus vollem Herzen,
aber stell dich nicht vor seinen Kopf hin und frage:
»Wie ist es denn bloß gekommen, dass du fest-
steckst?«
Geh besser um ihn herum bis zu seinem Schwanz und
zieh ihn aus dem Dreck. *(Saadi, Gulistan VIII, 69)*

24. Eselsprache

Ein Narr überhäufte einen Esel mit Beschimpfungen. Den
Esel kümmerte es nicht.
Ein kluger Mann, der die Begebenheit beobachtete, sag-
te schließlich:
»Du Narr! Der Esel wird niemals deine Sprache lernen –
besser, du hörst auf zu schreien und erlernst stattdessen die
Sprache des Esels!« *(Saadi)*

25. Das Grab des Esels

Nasrudins Vater war hochgeachteter Verwalter eines Heiligengrabes, der Ruhestätte eines großen Meisters; ein Pil-
gerort, der sowohl die Leichtgläubigen anzog als auch jene,
die tatsächlich nach Wahrheit suchten.
Wie es der Brauch war, würde Nasrudin eines Tages in
die Fußstapfen seines Vaters treten und dessen Position
übernehmen. Aber an seinem fünfzehnten Geburtstag beschloss er, der alten Weisheit zu folgen, die da besagte: »Suche Wissen, und wenn es in China wäre.«

Sein Vater war nicht dagegen, er gab ihm seinen Segen und Nasrudin brach mit seinem Esel auf. Seine Reise führte ihn nach Ägypten, nach Babylonien, dann durch die Arabische Wüste nordwärts nach Konya, Buchara und Samarkand. Es zog ihn weiter in den Fernen Osten und im Hindukusch schloss er sich einer Gruppe von Derwischen an.

Nach einem Abstecher nach Tibet wandte er sich nach Kaschmir. Da starb sein Esel, entkräftet von den Entbehrungen und der dünnen Bergluft. Nasrudin war über alle Maßen betrübt, er hing sehr an dem Esel, der auf dieser langen Reise Jahr um Jahr sein treuer Begleiter gewesen war.

Weinend begrub er seinen Freund unter einem einfachen Erdhügel. Da saß er nun gestrandet inmitten der Stille der sich himmelhoch türmenden Berggipfel und blickte hinab auf die ins Tal tosenden Gebirgsbäche und dachte nach und meditierte. Er war ja nicht alleine, denn die Gebirgsstraße, an der er saß, war von Reisenden frequentiert, denen der an einem Grabhügel einsam meditierende Mann auf ihrem Weg zwischen Indien, Zentralasien, China und den Heiligtümern Turkestans auffiel.

»Es muss sich um das Grab eines Heiligen handeln«, sprachen sie untereinander. »Dies muss ein Mann von beachtlicher geistiger Bedeutung gewesen sein, wenn sein Schüler so sehr um ihn trauert! Seit Monaten sitzt er nun schon dort, und sein Schmerz scheint keine Linderung zu finden!«

Eines Tages kam ein reicher Mann vorbei. Auch er war beeindruckt und um eine fromme Tat auszuführen, ließ er eine Grabstätte mit einer schönen Kuppel an dieser Stelle errichten, um seinem Respekt Ausdruck zu verleihen. Dies war der Anfang. Es kamen andere Pilger, die Terrassen an den umliegenden Berghängen anlegten und Feldfrüchte anpflanzten, deren Erlös zum Unterhalt des Heiligengrabes dienen sollte.

Der Ruhm des still trauernden Derwischs verbreitete sich und eines Tages hörte auch Nasrudins Vater davon. Sogleich brach er zu einer Pilgerreise an den geheiligten Ort auf. Als er dort seinen Sohn erblickte, fragte er, was denn geschehen sei und Nasrudin erzählte ihm seine Geschichte.

Da hob der alte Derwisch voll Erstaunen seine Hände zum Himmel. »Wisse, mein Sohn«, sagte er, »dass jene Grabstätte, in deren Schatten du aufgewachsen bist und die du verlassen hast, vor dreißig Jahren auf genau dieselbe Art und Weise entstanden ist: durch eine Verkettung von Ereignissen, als mein Esel gestorben ist!«

(Haji Bektashi, gest. 1337,
Begründer des Bektashi-Derwischordens)

26. Finderlohn

Nasrudin lief durch die Straßen seines Dorfes und rief so laut er konnte: »Finderlohn! Wer meinen Esel findet, erhält ihn als Belohnung!«

»Aber Nasrudin!«, sagte da ein Nachbar. »Bist du verrückt geworden?«

»Ganz und gar nicht«, entgegnete Nasrudin. »Weißt du denn nicht, dass die Freude etwas wiederzufinden größer ist als die, es zu besitzen?« *(Türkische Volkserzählung)*

27. Der verschwundene Esel

»Mulla, dein Esel ist verschwunden!«

»Gott sei Dank, daß ich nicht gerade auf ihm gesessen habe, denn sonst wäre auch ich jetzt verschwunden!«

(Türkische Volkserzählung)

28. Grenzüberschreitung

Mehrmals wöchentlich passierte Nasrudin auf seinem Esel die Grenze zwischen dem Iran und Griechenland. Auf dem Hinweg führte er stets zwei große Strohbündel mit sich, die er für jeden sichtbar zu beiden Seiten seines Sattels befestigt hatte.

Auf dem Rückweg führte er sie dann nicht mehr bei sich. Er stand im Ruf, zu schmuggeln, und machte auch keinen Hehl daraus. Jedesmal durchsuchte man ihn aufs Penibelste – aber nie konnte man etwas bei ihm finden.

Die Jahre vergingen und Nasrudin wurde zusehends wohlhabender. Eines Tages reiste er nach Ägypten, wo er, wie der Zufall es wollte, einen der ehemaligen Zöllner traf, der sich inzwischen zur Ruhe gesetzt hatte.

»Nasrudin, nun kannst du mir doch dein Geheimnis verraten!«, drängte dieser ihn wieder und wieder. »Was hast du damals geschmuggelt?«

»Esel!« *(Türkische Volkserzählung)*

III.

Der Elefant

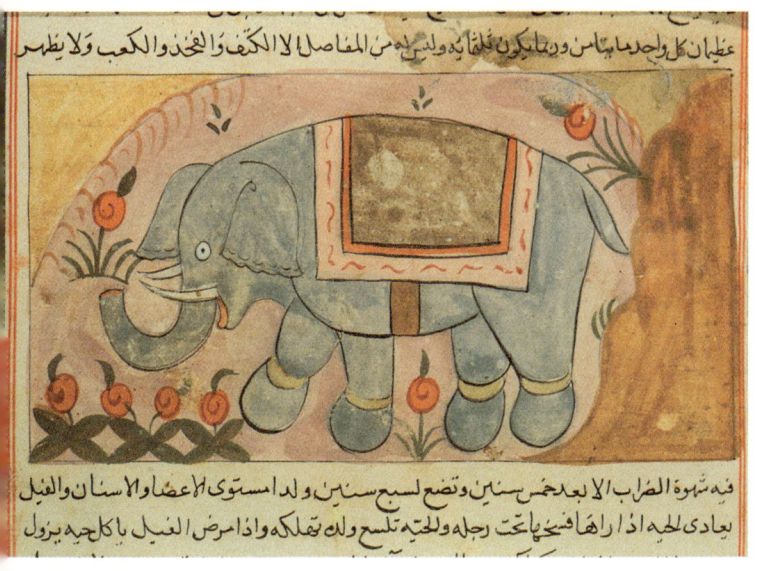

Freunde dich nicht mit einem Elefantenhüter an,
wenn du keinen Platz hast, einen Elefanten aufzunehmen.

(Saadi)

Einst sprach ein Elefantenhüter am Ufer des Nils
    folgenden Vers:
»Wüßtest du um den Zustand der Ameise unter deinem
    Fuß –
es ist derselbe Zustand wie es der deine unter dem Fuß
    eines Elefanten wäre!«   *(Saadi, Gulistan I, 23)*

In den Augen der Weisen ist ein Mann,
der mit einem Elefanten kämpfen möchte,
nicht wirklich mutig.
Tapfer ist der, der im Zorn nichts Ungebührliches sagt.

(Saadi)

Einen Fluss kann man an seiner Quelle mit einem
Spatenstich eindämmen,
ist er aber an Größe angeschwollen, kann es selbst
mit einem Elefanten unmöglich sein, ihn zu durchqueren.

(Saadi, Gulistan I, 4)

Im Jahr des Elefanten

Im Jemen war die jüdische Herrscherfamilie von abessinischen Christen vertrieben worden. Der neue abessinische Statthalter Abraha Ashram war ein religiöser Eiferer, machtberauscht und ehrgeizig.

Sa'aba, die ehemals berühmte Stadt der klugen und schönen Königin Bilqis, wollte er in neuem Glanz erstrahlen lassen. Zu einer so bedeutenden Pilgerstätte sollte sie werden, dass sie selbst Mekka, den größten aller Pilgerorte Arabiens, in den Schatten stellen würde. In Scharen würden die Pilger ins neue San'a' kommen und die Stadt reich, ihn berühmt und das Land christlich machen. So ließ er eine Kathedrale von beeindruckenden Ausmaßen bauen. Zu ihrer Ausstattung ließ er kostbaren Marmor aus den verfallenen Palästen der Königin Bilqis herbeischaffen. Er sparte auch nicht an lebensgroßen Kreuzen aus Gold und Silber, die er in großer Zahl aufstellen ließ, und für die Kanzeln waren ihm Elfenbein und Ebenholz gerade gut genug.

Die Kathedrale war bald fertiggestellt und er machte keinen Hehl aus seiner Absicht, so dass er sich bald den Unmut der Stämme des Hedschas[15] und Najd zuzog. Da machte sich ein Mann vom Stamme der Kinanah auf, um die neue Pilgerstätte zu entweihen. Er tat dies des Nachts, verrichtete dort seine Notdurft und kehrte zu seinem Stamm zurück.

Abraha, rasend vor Wut, schwor Rache. Die Ka'ba würde er dem Erdboden gleich machen.

Mit einer großen Armee, zu der auch ein Elefant zählte, zog er gegen Mekka. Kurz vor der Stadt ließ er das Heer anhalten und entsandte einen Reitertrupp, der die umliegenden Dörfer plündern sollte.

Die einzelnen Stämme der Region waren längst zusammengekommen, um Kriegsrat zu halten, hatten jedoch beschlossen, dass es nichts brachte, gegen die übermächtige Armee anzutreten.

Schon bald kamen Abrahas Reiter zurück und brachten all das mit, dessen sie hatten habhaft werden können, darunter auch zweihundert Kamele aus dem Besitz von 'Abd al-Muttalib aus dem Stamm der Quraysh. Dann sandte Abraha einen Unterhändler in die Stadt, der verkünden sollte, dass ihm nicht daran gelegen sei, zu kämpfen, sondern dass er nur gekommen sei, um die Ka'aba zu zerstören. Wenn die Bewohner unnötiges Blutvergießen vermeiden wollten, solle ihr Anführer zu Abraha ins Feldlager kommen.

Zu dieser Zeit gab es kein offizielles Oberhaupt der Quraysh, aber man brachte den Unterhändler zum Hause von 'Abd al-Muttalib, der diesem zusammen mit einem seiner Söhne ins Lager folgte.

Abraha war sehr beeindruckt von 'Abd al-Muttalib, von seiner stattlichen Erscheinung ebenso wie von seinem Auftreten, so dass er sich von seinem königlichen Sitz erhob und 'Abd al-Muttalib mit aller Höflichkeit den Platz direkt neben sich anbot. Abraha wies sogar seinen Dolmetscher an, 'Abd al-Muttalib zu fragen, ob er einen persönlichen Wunsch habe.

»Mit Freuden würde er ihm diesen erfüllen!«, fügte der Dolmetscher hinzu.

»Ja«, sagte 'Abd al-Muttalib schlicht. Seine zweihundert Kamele, die ihm Abrahas Armee genommen hatte, hätte er gern wieder zurück.

Abraha reagierte unwirsch. Er habe sich wohl in 'Abd al-Muttalib getäuscht und einen anderen in ihm gesehen! Er,

Abraha, sei gekommen, das große Heiligtum seines Volkes zu zerstören, ja, ihnen ihre Religion zu nehmen – und ʿAbd al-Muttalib habe nichts anderes im Sinn als seine Kamele!

Darauf kam ʿAbd al-Muttalibs gelassene Antwort: »Ich bin nun mal der Herr dieser Kamele, und auch der Tempel hier hat einen Herrn, der ihn schützen wird!«

»Aber nicht vor mir! Vor mir und meinem Heer gibt es keinen Schutz!«, erwiderte Abraha siegesgewiss.

»Nun«, sagte ʿAbd al-Muttalib, »wir werden sehen!«, und Abraha befahl, dass man ihm seine Kamele zurückgab.

Am darauffolgenden Morgen brach Abraha mit seinem Heer auf, um in die Stadt zu ziehen und die Kaʾaba zu zerstören. Zuletzt brachte man den Elefanten, der an der Spitze des Heeres gehen sollte. Doch kaum hatte der Elefant, der aufs Kunstvollste geschmückt, bemalt und ausstaffiert war, seinen Platz eingenommen, da kniete er nieder.

Unays, der Elefantenführer, tat alles, was in seiner Macht stand: Er flüsterte ihm vertraute Worte ins Ohr, er schrie Befehle, er schlug ihn, ja, schließlich befahl er, ihn mit Eisenstangen auf den Kopf zu schlagen. Sogar mit eisernen Lanzenspitzen stieß man ihn in den Bauch – nichts, nichts half. Der kniende Elefant rührte sich nicht.

Schließlich ließ Abraha die gegen Mekka aufmarschierten Truppen eine Kehrtwendung machen, so als marschierten sie zurück in den Jemen. Da erhob sich der Elefant unverzüglich, drehte sich herum und lief los. Sofort machte die Armee kehrt, um erneut gen Mekka zu ziehen – der Elefant aber kniete bereits wieder.

Sie hätten gleich umkehren sollen, nun war es zu spät: Vom Meer her kam ein Vogelschwarm so ungeheuren Ausmaßes angeflogen, dass er den Himmel nach Westen bis zum Horizont verdunkelte. Über der abessinischen Armee ließen die Vögel kleine Steinchen, kaum erbsengroß, fallen. Wen sie trafen, der war auf der Stelle tot.

Es brach Panik aus, das abessinische Heer löste sich auf. Viele starben noch auf dem Rückzug in den Jemen, und viele – unter ihnen auch Abraha – bald nach ihrer Rückkehr an der Seuche aufgrund der von den Vögeln hervorgerufenen Verletzungen.

'Abd al-Muttalib hatte einen weiteren Sohn, 'Abd Allah, der sich zur Zeit dieses Ereignisses in Yathrib, dem späteren Medina, aufhielt. Von einer Handelsreise zurückgekommen lag er dort schwer erkrankt bei Verwandten. 'Abd al-Muttalib sandte seinen Sohn Harith, damit er seinen Bruder nach Hause brächte, sobald es ihm besser ginge. Als Harith aber in Yathrib ankam, war 'Abd Allah bereits tot.

Keine zwei Monate nach 'Abd Allahs Tod gebar ihm Aminah seinen Sohn Muhammad (*sallallahu alaihi wa salam*) im Jahre 570 n. Chr., dem Jahr des Elefanten.

(siehe auch: Qur'an, Sure 105)

IV.

Hund und Katze

Die Hunde mögen bellen, aber die Karawane zieht weiter.

(Arabisches Sprichwort)

Ich bin der Hund des Hauses des Propheten
Und wache treulich an seiner Tür.

(Volkslied)

Ein ausgehungerter Hund, der Fleisch findet,
fragt nicht: »War dies das Kamel eines guten Mannes
oder der Esel des Anti-Christen?« *(Saadi, Gulistan VII, 19)*

Der Hund freut sich über einen Erdklumpen,
   der ihm auf den Kopf fällt,
denn er hält ihn für einen Knochen.

(Saadi, Gulistan VII, 19)

Es heißt, dass zuweilen eine Katze Muhammad weckte,
wenn es Zeit für das Gebet war. Abu Qutadah sagt:
»Katzen sind keine unreinen Tiere, sie halten Wache
über uns.« Es heißt, der Prophet habe für seine Waschungen auch Wasser benutzt, von dem eine Katze
getrunken hatte. *(Hadith)*

Sanfte Katze, wenn du Flügel hättest,
gäbe es keine Spatzeneier mehr auf der Welt.
Gelangten die Sanftmütigen zu Macht,
würden sie sich erheben und die Armen berauben.

(Saadi, Gulistan III, 15)

1. Der Hund Qitmir

Im Reiche eines römischen Tyrannen, der die Christen verfolgte, lebten sieben junge Männer christlichen Glaubens in Ephesus[16]. Sie glaubten an den Einen Gott und waren weder bereit, dem abzuschwören, noch wussten sie mit den vielen Götterstatuen, einschließlich der des Herrschers, etwas anzufangen.

Sie hatten versucht, öffentlich zu argumentieren und den Götzenkult als lächerlich und reine Geldmacherei zu entlarven. »Ihr Leute, bedenkt doch: Es gibt keine Autorität, die hinter diesen Götterstatuen steht! Niemand steht dort, außer den Götzendienern selbst! Vor wem kniet ihr dort? Wer bekommt euer Geld, das ihr dort niederlegt?« Aber leider erwies es sich als sinnlos. Die Menschen hatten einfach zu viel Angst, um sich ihnen anzuschließen, und die Reihen derer, die dachten wie sie, wurden immer dünner. So wurde es für sie bald höchste Zeit, sich zwischen Märtyrertod oder Flucht zu entscheiden.

Um ihr Leben zu retten, verließen sie eines Morgens die Stadt und begaben sich in die Berge, um sich dort in einer Höhle zu verstecken. Erschöpft ließen sie sich dort angekommen mit ihrem Hund nieder. Sie wussten nicht so recht, wie es nun weitergehen sollte, aber sie waren von einer ruhigen Zuversicht erfüllt und vertrauten darauf, dass Gott es schon zum Besten für sie richten werde.

Im Dunkel der Höhle[17] schliefen sie bald ein und Gott legte einen Schleier über ihre Ohren. So waren sie gänzlich von der Außenwelt abgeschirmt. Sie schliefen, sie drehten sich nicht nach rechts und nicht nach links. Und auch ihr Hund schlief fest, dort im Eingang der Höhle, wo er sich niedergelegt hatte, den Kopf auf den Vorderpfoten, die er auf der Schwelle ausgestreckt hatte.

Ein friedliches Bild – und doch war da etwas um sie, das jeden, der sie entdeckt hätte, in Angst und Schrecken versetzt und zur Flucht bewogen hätte.

Sie schliefen tief, sie schliefen lang – Tage vergingen, Wochen, Monate, Jahre und Generationen, ehe die jungen Männer und ihr Hund endlich erwachten. Sie hatten jedes Gefühl für die Zeit verloren. »Wie lange sind wir schon hier?«, fragte einer. »Vielleicht einige Stunden«, sagte ein anderer. Wieder ein anderer meinte, es sei wohl doch etwas länger gewesen.[18] Jedoch widerstanden sie der Versuchung, ein sinnloses Streitgespräch über etwas zu beginnen, das keiner von ihnen so genau wusste. Stattdessen einigten sie sich kurzerhand darauf: »Nur Gott allein weiß genau, wie lange es gewesen ist«, um sich sodann vordringlicheren Dingen zu widmen.

Sie hatten Hunger. Aus Angst, entdeckt zu werden, beschlossen sie, dass nur einer von ihnen losziehen sollte, um im nächstgelegenen Ort Vorräte einzukaufen. Sie legten zusammen, was sie an Münzen besaßen; viel war es nicht, gerade eine Hand voll. So machte sich einer der jungen Männer auf den Weg, den Hund nahm er zu seiner Begleitung mit, denn es konnte gefährlich werden. Selbstverständlich würde er vorsichtig und unauffällig vorgehen, um keine Aufmerksamkeit auf sich zu ziehen und damit seine Gefährten und ihr Versteck unentdeckt blieben.

Er war noch gar nicht weit gekommen, da wunderte er sich über die merkwürdige fremde Kleidung der Leute. Auch die Sprache, in der sich die Leute unterhielten, die ihm begegneten, kam ihm fremd vor. Hier und da fragte er trotzdem nach dem Weg in den Ort, aber es gefiel ihm ganz und gar nicht, wie ihn die Leute anschauten und wie sie dann stehenblieben, um ihm nachzustarren. Er war besorgt. Zudem kam ihm die Welt gänzlich verändert vor.

Er war verwirrt, beschloss aber, sich zusammenzunehmen und nur schnell das Allernotwendigste zu kaufen: Brot, Käse, ein paar Oliven und Früchte – das würde genügen. Er hatte ein Tuch bei sich, das schlang er um die Schultern und zog es sich bis über die Ohren. Er sah nicht nach rechts und nicht nach links. Mit gesenktem Kopf, den Blick vor sich auf den Boden geheftet, eilte er durch die Straßen des Ortes. Tröstlich nur der Hund, der dicht neben ihm hertrabte. Ihm war beklommen zu Mute, irgendetwas braute sich zusammen, dessen war er sich sicher.

Beim Bezahlen auf dem kleinen Markt ging es dann los. Der Kaufmann starrte abwechselnd auf die Münzen, die er ihm hingelegt hatte, dann wieder auf ihn. Hier und da streckten sich neugierige Hände aus, griffen nach den Münzen, und unversehens fand er sich inmitten einer Menschenmenge, die sich um ihn drängte.

Von allen Seiten prasselten Fragen auf ihn herab. Er war sehr durcheinander und erst hatte er große Angst, dass man ihn, den Flüchtigen, erkannt hatte, und es für ihn vorbei war. Doch als er merkte, dass die Menschen nicht aggressiv und feindselig waren, sondern eher freundlich, wurde er ruhiger, auch wenn er die Aufregung nicht verstand.

Vielleicht war es der Kaufmann, der schließlich ein Einsehen hatte, die Leute fortschickte, und den jungen Mann mit sich nach Hause nahm, wo er ihn bewirtete und in Ruhe mit ihm sprechen konnte. So erfuhr er, dass die Münzen, mit denen er bezahlen wollte, älter als hundert Jahre waren. Der Kaufmann berichtete ihm auf seine Fragen hin, was alles geschehen war, seitdem er sich in der Höhle schlafen gelegt hatte. Als der junge Mann erfuhr, dass die christliche Religion nun nicht mehr verfolgt wurde, sondern längst sogar offizielle Staatsreligion geworden war, da berichtete er von seinen Gefährten, die er in der Höhle zurückgelassen hatte.

Die wundersame Geschichte von den sieben jungen Männern und ihrem Hund machte im Nu die Runde und zog das Interesse des Landesherrn auf sich, der darauf bestand, sie mit seinem Gefolge in der Höhle zu besuchen, um mit eigenen Augen zu sehen, was sich zugetragen hatte. Man unterzog sie verschiedenen Befragungen und die wundersame Geschichte erwies sich als wahr. Bald war sie im ganzen römischen Reich bekannt.

Anders als die jungen Männer in der Höhle konnte das Dorfvolk der Diskutiererei nicht widerstehen. Sollte man zum Gedenken an dieses Ereignis ein Haus oder Gebetshaus bei der Höhle errichten? Schließlich wurde eine Inschrift über der Höhle angebracht.[19]

Aber das Debakel ging weiter. Selbst heute wird noch gestritten, ob es sieben oder fünf junge Männer gewesen seien, mit dem Hund acht bzw. sechs. Es heißt auch, der getreue Hund sei zur Belohnung zu einem Menschen geworden.

Manche sagen, dass dies zeigt, dass selbst der unreine Hund geheiligt und durch seine Treue zu einem geehrten Tier werden kann. So soll dem getreuen Hund Qitmir der Zutritt zum Paradies gewährt worden sein. Da Hunde aber als unrein gelten, soll er dort als Ziege Aufnahme gefunden haben – so heißt es.

Gott weiß es am Besten. (*Qur'an 18:9–26*)

> Lots Gattin verkehrte mit verderbten Männern
> und verwirkte das Prophetentum für die Familie.
> Der Hund der Siebenschläfer folgte den Fußspuren der
> Rechtschaffenen und wurde ein Mensch.
>
> (*Saadi, Gulistan I, 4*)

2. Der durstige Hund

»Einst, während ein Mann seines Weges ging, überfiel ihn ein starker Durst«, berichtete der Prophet Muhammad. »Endlich fand er einen Brunnen. Er kletterte hinunter, trank und kletterte wieder hinauf.

Da sah er einen hechelnden Hund, der versuchte, seinen Durst mit der Feuchtigkeit der Erde, d.h. er fraß Erde, zu stillen.

Dieser Hund, sagte der Mann zu sich, ist sehr durstig, genauso wie ich es gewesen bin.

Kurz entschlossen kletterte er erneut in den Brunnen hinunter. Dort füllte er seinen Schuh mit Wasser, hielt ihn mit dem Mund fest und kletterte wieder nach oben. Dann gab er dem Hund zu trinken.

Gott fand Gefallen an seinem Tun und verzieh ihm seine Sünden.«

»O Gesandter Gottes«, wurde der Prophet gefragt. »Werden wir auch für unser Verhalten den Tieren gegenüber belohnt?«

»Durch jede lebendige Seele bekommt man Lohn.«

(Hadith, Muslim 14, 241)

3. Der andere Hund

Eines Tages stand ein Hund halb verdurstet am Wasser. Jedesmal wenn er trinken wollte, erblickte er sein Spiegelbild im Wasser und schrak zurück, denn er hielt es für einen anderen Hund.

Dies ging eine ganze Weile so fort, bis sein Durst schließlich so groß war, dass er seine Angst überwand und ins Wasser sprang – da war der andere Hund verschwunden!

»So entdeckte er, dass er selbst das Hindernis war«, erzählt Shibli, der die Begebenheit beobachtet hatte. »Die Barriere zwischen ihm und dem Ersehnten war dahingeschmolzen. Und auf dieselbe Weise war mein eigenes Hindernis verschwunden, als ich erkannte, dass es das war, was ich für mein eigenes Selbst gehalten hatte. Zum ersten Mal war mir mein Weg gezeigt worden – durch das Verhalten eines Hundes!«

(Al-Shibli)

4. Hund und Mensch

Es ist allgemein bekannt, dass der Mensch das edelste unter Gottes Geschöpfen ist und der Hund das niedrigste; und doch stimmen die Weisen darin überein, dass ein dankbarer Hund besser ist als ein undankbarer Mensch.

> Ein Hund vergisst einen Leckerbissen nie, und bekäme er
> danach hundertmal Steine von dir. *(Saadi, Gulistan VIII, 89)*

5. Allegorie vom Hund

Mag sein, dass ich nur ein verachtenswertes Geschöpf bin, doch bei näherer Betrachtung ist auch etwas von einem Fakir an mir. Zu meinen Eigenschaften zählen Wachsamkeit, Bescheidenheit, Dankbarkeit und Geduld.

Stets wachsam an der Tür meines Herrn, strebe ich nicht nach einem besseren Ort – seine Schwelle ist mir genug!

Man jagt mich davon – doch ich kehre zurück. Man schlägt mich – doch ich trage es nicht nach. Meine Treue ist sicher und meine Freundschaft verlässlich und fest. Ich schütze die Familie meines Herrn und halte Wache in unserem Viertel.

Lerne von mir die Pflichten der Freundschaft, so dass du edle Tugenden erlangen mögest! *(Al-Muqaddisi)*

6. Der Hundehändler

Einst lebte ein berühmter Sheikh, der den Derwischmantel der Armut, die *Khirka*, trug. Doch dann verliebte er sich leidenschaftlich in die Tochter eines Mannes, der Hunde hielt.

In der Hoffnung, sie zu sehen, lebte und schlief er in ihrer Straße. Als die Mutter des Mädchens das entdeckte, sprach sie ihn an: »Du weißt, so nehme ich an, dass wir Hundehändler sind. Doch da du dein Herz an unsere Tochter verloren hast, darfst du bei uns wohnen und sie in einem Jahr heiraten. Aber du musst dich bereit erklären, auch Hundehändler zu werden und unsere Lebensweise anzunehmen.«

Da der Sheikh in seiner Liebe nicht schwach war, legte er seine *Khirka* ab und begann bei dem Hundehändler zu arbeiten. Jeden Tag nahm er einen Hund mit auf den Bazar.

Fast ein Jahr war vergangen, als ihn ein Sufi aufsuchte, der sein Freund gewesen war und zu ihm sagte: »O du, der du dich dreißig Jahre lang der Tradition gewidmet und dich mit spirituellen Dingen befasst hast, wie geht es an, dass du nun etwas tust, das jemand deinesgleichen nie getan hat!«

Da antwortete der Sheikh: »Du siehst die Dinge nicht in ihrem wahren Licht. Lass deinen Protest. Es ist besser, lächerlich zu erscheinen, als – wie du – niemals in die Geheimnisse des spirituellen Weges eingedrungen zu sein!«

(Fariduddin Attar, Mantiq at-Ta'ir)

7. Vater des kleinen Katzenweibchens

Einer der Gefährten des Propheten trug die *Kunya* (Beiname) Abu Huraira: »Vater des kleinen Katzenweibchens«. Sein eigentlicher Name lautete ʿAbd ar-Rahman b. Sakhr.

Es heißt, dass der Prophet ihm diesen Beinamen gegeben habe, da er Katzen liebte und immer ein kleines Kätzchen mit sich führte.

Abu Huraira starb im Alter von achtundsiebzig Jahren im Jahre 677 oder 679.

8. Katze und Leopard

Hast du nicht die Katze gesehen, die, in die Enge getrieben, dem Leoparden die Augen auskratzte?   *(Saadi, Gulistan I, 8)*

9. Das Gewicht der Katze

Nasrudin kam vom Markt nach Hause und brachte seiner Frau Fleisch mit, damit sie am Abend für die Gäste eine wohlschmeckende Mahlzeit koche. Als dann aufgetischt wurde, gab es aber kein Fleisch, denn sie hatte es selbst gegessen. Das war ihr unangenehm, und so erklärte sie, die Katze hätte es gefressen.

»Was! Die ganzen drei Pfund?«

Nasrudin griff sich die Katze und packte sie auf die Waage. Sie wog ganze drei Pfund.

Da sagte Nasrudin, die Katze am Nacken hochhaltend: »Wenn das die Katze ist, wo ist dann das Fleisch? Oder, umgekehrt: Wenn das das Fleisch ist, wo ist dann die Katze?«

(Türkische Volkserzählung)

V.

Das Vieh

Nun, da es fort ist, zählt es, ob es eine Kuh gefressen hat
oder nicht? *(Arabisches Sprichwort)*

Nutzlos ist der wunderbarste Milchertrag
einer Kuh, die den Eimer umstößt.
(Muinudin Muhammed Chishti)

Wenn du keine Sorgen hast, kauf dir eine Ziege.
(Arabisches Sprichwort)

Spielst du mit einem Widder Hörnerstoßen,
wirst du dir rasch den Schädel brechen.
(Saadi, Gulistan II, 31)

Vor dir friedfertig wie ein Lamm,
hinter deinem Rücken ein menschenverschlingender
Wolf!
Wer dir Geschichten über andere zuträgt,
trägt ebenso anderen Geschichten über dich zu.
(Saadi, Gulistan II, 4)

Mitleid mit dem reißenden Wolf zu haben,
bedeutet Grausamkeit gegenüber dem Schaf.
(Saadi, Gulistan VIII, 53)

1. Das Kalb des Samiri

Musa stieg hoch hinauf auf den Berg, der heute auf der arabischen Sinaiseite gelegen ist und Moses Namen trägt: Jabal Musa. Damals hieß er Tur-u-Sinin. Die Bani Israel hatte Musa in der Obhut seines Bruders Harun und der Stammesälteren zurückgelassen. »Handle für mich bei meinem Volk. Handle richtig und folge nicht dem Weg derer, die Unheil anrichten! *(Qur'an 7:142)*«, hatte Er ihm aufgetragen.

Was hatte er nicht alles getan, um ihnen begreiflich zu machen, worum es ging, doch wieder und wieder überkamen sie Zweifel und dann verfielen sie in ihre alten Fehler! So geschah es auch, als sie auf ihrem Weg über die Sinai-Halbinsel auf einen Stamm trafen, dessen Angehörige sich »voll und ganz einigen Götzen widmeten«. *(Qur'an 7:138)* Es war eine Siedlung, die sich um eine ehemalige ägyptische Kupfermine herum gebildet hatte. Die ehemaligen Minenarbeiter waren aus der Gesellschaft Ausgestoßene, die in Ägypten unerwünscht waren und deren Nachkommenschaft fernab jeglicher Zivilisation weiter degeneriert war.

Da baten die Kinder Israels Musa: »Mache uns einen eben solchen Gott wie jene da Götter haben!« *(Qur'an 7:138)* Dieser Rückfall machte Musa traurig, und er fragte sich, ob sich denn all die Mühe mit seinem Volk lohne. Doch schließlich tat er, was er tat, für Ihn, Seinen Herrn, und für Ihn tat er es gerne, auch wenn es zuweilen gänzlich aussichtslos schien und er all seine Geduld brauchte, weil er diesem Volk dieselben Dinge wieder und wieder von Neuem erklären mußte, da es stets zu vergessen schien.

Wieder und wieder murrten und zweifelten sie und wieder und wieder musste er sie daran erinnern, dass sie doch von Pharao und seinen Leuten befreit worden waren, der sie mit den schlimmsten Strafen gequält hatte, und wie sehnlich sie sich das gewünscht hatten!

Er bemühte sich um Nachsicht, denn er war sich bewusst, dass sein Volk über Generationen hin versklavt und unterdrückt worden war und sich nun schwer tat; manchen waren die ägyptischen Götzen einfach zu vertraut geworden. Auch wenn sie nicht unbedingt an sie geglaubt hatten, so waren sie doch gewissermaßen mit ihnen aufgewachsen. Und von Zeit zu Zeit kam es eben wieder durch. Er bemühte sich, dies als eine verständliche menschlich Schwäche zu sehen, aber einmal war er so genervt, dass er sie fragte: »Soll ich etwa für euch nach einem anderen Gott als dem Wahren suchen?« Als Musa oben auf dem Berg angelangt war, sprach Gott zu ihm und fragte: »Was ließ dich deinem Volk vorauseilen, o Moses?« *(Qur'an 20:83)*

Und Musa antwortete: »Siehe doch, sie sind mir dicht auf den Fersen. Ich bin zu Dir vorausgeeilt, um Dir zu Gefallen zu sein.« *(Qur'an 20:84)* Vierzig Tage und Nächte verbrachte er dort auf dem Berg in heiliger Ekstase und inniger Zwiesprache mit Gott. *(siehe Qur'an 7:142 und AT, Exod. 24:12ff)* Und Gott gab ihm die Schrift und das Kriterium, um zwischen Recht und Unrecht zu unterscheiden.

Die Zeit, von der Musa sich gewünscht hatte, dass sie nie enden möge, war um, und er machte sich an den Abstieg. Er war erfüllt, zuversichtlich und unendlich glücklich. Fest an sich gedrückt hielt er die Tafeln mit Gottes Weisungen, die er erhalten hatte. Doch je mehr er sich dem Tal näherte, um so mehr gingen ihm die letzten Worte, die Gott zu ihm auf dem Berg gesprochen hatte, durch den Sinn: »Wir haben dein Volk in deiner Abwesenheit getestet; der Samiri[20] führte sie in die Irre!« *(Qur'an 20:85)*

Es war spät in der Nacht, als Musa unten im Tal anlangte. Seinen entsetzten Augen bot sich ein bizarres Schauspiel: wild tanzende, lärmende Menschen tobten wie von Sinnen um eine Statue herum. Musa fühlte Zorn in sich aufsteigen, als er im Zentrum des wilden Kultes die Statue eines goldenen Kalbes erblickte. Sie war ein genaues Abbild des Stieres von Osiris und schien, als sei dies alles nicht schon genug, auch noch zu muhen – selbst diesen alten Kunstgriff der Isispriester hatten sie nicht vergessen: Ein Eingeweihter des Kultes pflegte hinter der Statue verborgen das Brüllen zu übernehmen. Manchmal wurden auch Rohre von der Statue bis in den Tempel verlegt, in die ein Priester ungesehen in das Rohrende hineinmuhen konnte. Musa sah, wie sein Volk dieses Kalb anbetete und ihm opferte. Was war geschehen? »Musa hat uns ebenso vergessen wie seinen Gott. Stattdessen sucht er nach dem Gott auf dem Berg, wo der Gott doch hier unter uns ist!«, hatte der Samiri den Bani Israel erklärt und dann alles Gold und allen Schmuck eingesammelt, um daraus Osiris, den Stiergott der Ägypter, zu fertigen.

Unterstützt von all denen, deren Glaube nicht sehr stark war, und von denen, die Musa nicht mehr zurückerwarteten, ließ der Samiri Osiris wiederaufleben.

Würde es nie aufhören? Würde dieser Kampf mit seinem widerspenstigen, vergesslichen Volk nie sein Ende finden? Musa war zu Recht aufgebracht, ein bitterer Geschmack hatte sich über das glänzende Licht und Glück, das seine Seele erfüllte, ausgebreitet.

Mit großen Schritten eilte er auf seinen Bruder Harun zu, legte die Tafeln, die er noch unter dem Arm trug, nieder, packte ihn an den Haaren und fuhr ihn an: »Warum hast du sie denn nicht von diesem Kult abgehalten!«

»O Sohn meiner Mutter! Pack mich nicht so am Bart und an den Haaren!«, sagte Harun sanft und berichtete, was sich zugetragen hatte. *(Qur'an 20:94)* Natürlich hatte er die Bani Israel eindringlich gewarnt, sich auf den Samiri, diesen Halbägypter, einzulassen. Doch sie sagten: »Wir werden diesen Kult nicht aufgeben, sondern uns ihm widmen, bis Musa zu uns zurückgekehrt ist« *(Qur'an 20:91)*, denn sie bezweifelten bereits, dass er überhaupt noch zurückkäme, so lang kam ihnen seine Abwesenheit schon vor. Und Harun berichtete auch, wie sie gedroht hatten, ihn zu erschlagen, wenn er nicht Ruhe gäbe.

Da spürte Musa, wie sein Zorn verflog, und er betete zu Gott, dass Er ihm und seinem Bruder vergeben möge. Er hob die Tafeln, auf denen die Weisungen Gottes geschrieben waren, auf. Möglicherweise hatte er sie in seinem Zorn etwas unsanft abgesetzt, aber beschädigt waren sie nicht. Niemals wäre er in der Lage gewesen – aus welchem Grund auch immer – etwas zu mißachten oder gar zu beschädigen, dass ihm sein Herr anvertraut hatte. Dann stellte er den Samiri zur Rede, der nichts anderes im Sinn hatte, als seine Haut zu retten, indem er Musa schmeichelte. »Ich sah, was jene nicht sahen« *(Qur'an 20:96)*, behauptete er dann dreist, »und tat dann nur, was mir meine Seele zu tun gebot: Vom Fußabdruck des Gesandten im Sand nahm ich eine Hand voll auf und warf es ins siedende Gold des Kalbes.«

Da legte Musa einen Fluch auf ihn: »Sieh zu, dass du von hier fortkommst! Deine Strafe in diesem Leben wird sein, dass du zu den Menschen sagen wirst: ›Rührt mich nicht an!‹«

Bani Israel hatten den mit Gott geschlossenen Bund gebrochen. Auch wenn sie noch so oft mit Worten beteuert hatten: »Wir werden tun, was uns von unserem Herrn gesagt wurde«, hatten sie es doch nicht mit ihren Herzen gesagt, und unter sich sprachen sie wieder ganz anders. So bestand ihre Strafe darin, dass ihre Herzen das Gift dieses Kalbes zu schmecken bekamen.

Das goldene Kalb ließ Musa in einem lodernden Feuer einschmelzen und die Reste ins Meer werfen.

2. Die bildschöne Kuh

Nun, es heißt, dass die Geschichte von Musa und seinem Volk ja nicht nur die Geschichte von Musa und seinem Volk ist, sondern, dass sie auch von der Art und Weise der Menschen erzählt – wie sie sind und wie sie lernen und nicht lernen.

Die Geschichte von der bildschönen Kuh ist auch die Geschichte von Musa, der sich mit seinem Volk, das keine Gelegenheit zu Diskussionen, Argumentationen und Komplikationen ungenutzt ließ, plagen musste.

Es war mit Sicherheit ein harter Job. Ob es um alltägliche Kleinigkeiten ging oder um die wirklich großen Angelegenheiten, stets machten sie sich und ihrem geplagten Propheten das Leben so schwer wie nur möglich. So wie dieses Volk auf seiner Unzufriedenheit beharrte, und mit Vorliebe von morgens bis abends lamentierte, schien es unmöglich, es zufrieden zu stellen.

Und wenn Musa versuchte, sie zu diesem und jenem, das nun mal zu tun war, zu bewegen, stellten sie sich störrischer an als ein Esel störrisch sein kann.

Musa hatte nicht nur die Gesetzestafeln erhalten, er besaß auch das Kriterium, um Dinge beurteilen und recht entscheiden zu können, aber ob er recht hatte oder nicht – im Grunde scherten sie sich nicht einmal darum. Was blieb Musa als Geduld und Geduld und... ? As-Sabur – der Geduldige – ist der letzte in der Reihe der neunundneunzig Schönen Namen Gottes.

Trotzdem hatte sich Musa in seiner Verzweiflung eines Tages an Gott gewandt: »Ich kann nur über mich und meinen Bruder verfügen. So trenne zwischen uns und diesem rebellischen Volk!« *(Qur'an 5:26)* Die strenge Antwort lautete: »Also wird ihnen das Land vierzig Jahre lang unerreichbar sein. Voll Verzweiflung werden sie umher wandern, aber gräme dich nicht über diese rebellischen Menschen! *(Qur'an 5:26)* Uns fügten sie keinen Schaden zu, aber sie schadeten ihren eigenen Seelen!« *(Qur'an 5:27)*

So wanderten sie über die Sinai-Halbinsel, durch die Paranwüste, zum Golf von Aqaba und wieder nach Norden zum Toten Meer; unterwegs in das Land, das ihnen versprochen worden war und in dem Milch und Honig fließen würde. Bis dahin allerdings, bis sie schließlich nach vierzig Jahren den Jordan auf der Höhe von Jericho überquerten, bis dahin mussten sie sich mit einfacherer Diät begnügen. Kleine Wachteln, die zu bestimmten Zeiten in großen Schwärmen die Sinai Halbinsel überflogen und diese Dinger, die jeden Morgen, wenn sich die Frühnebel lichteten, wie Rauhreif zurückblieben. *(siehe auch AT, Exd. 16:14)* Als sie es zum erstenmal sahen, fragten sie: »Was ist das?« – auf Arabisch: »Ma-huwa?« Auf Hebräisch heißt es Manna. Ein wenig süß schmeckte es und man brauchte nicht sehr viel davon um satt zu werden, allerdings hielt es sich nicht bis zum nächsten Tag. Das brauchte es auch nicht, denn jeden Tag gab es wieder frisches Manna. Heute kennt man im Sinai Manna als ein gummiartiges, zuckerhaltiges Sekret aus der Rinde einer bestimmten Tamariskenart.

Sie hätten staunen können und sagen, dass es ein Wunder war, dieses Essen in der Wüste, aber nein, sie klagten, dass es jeden Tag dasselbe war. Mehr und anderes Essen wollten sie und sehnten sich nach »Küchenkräutern und Gurken, nach Knoblauch, Linsen und Zwiebeln«. *(Qur'an 2:16)*

Eines Tages sahen sie, wie Musa auf sie zu kam, und aus der Art wie er dies tat – gewichtigen Schrittes und energisch mit dem Stock ausholend – wussten sie, dass er mit Neuigkeiten kam – neue Botschaften, neue Gesetze, was auch immer, sie wollten lieber erst gar nicht hören. Was würde es ihnen schon bringen als erneute Mühsal. Sie wandten sich möglichst unauffällig ab, gaben sich geschäftig oder vertieft in Gespräche. Musa kümmerte das alles wenig und er unterbrach sie, so als sei all das kein bißchen von Interesse, was sie gerade taten und dachten. Er unterbrach sie ungerührt und sie ärgerten sich über ihn, wie sooft.

Ohne Umschweife verkündete er: »Gott befiehlt euch, eine Kuh zu opfern!« Den Anflug von Enthusiasmus, der in seiner Stimme mitschwang, teilten sie durchaus nicht. Einer brummte in das Schweigen hinein, mit dem sie Musas Ankündigung begegneten: »Machst du dich über uns lustig?« *(Qur'an 2:67)*

Musa übte sich in Geduld und beharrte. Nach einer langen, langen Pause sagte schließlich ein anderer: »Was für eine Kuh soll es denn sein?«

Musa blieb geduldig: »Weder sollte sie zu alt sein noch zu jung, sondern mittleren Alters.« Dann fügte er aber doch hinzu: »Nun tut, was euch aufgetragen wurde!« *(Qur'an 2:68)*

Von wegen! Prompt hieß es:« Aber welche Farbe soll sie denn haben? Frage deinen Herrn für uns danach!«

Musa erwiderte: »Er sagt, rehfarben soll sie sein, mit einem reinen und schönen Farbton, sodass Betrachter sie bewundern!« *(Qur'an 2:69)*

Aber noch immer setzte sich keiner in Bewegung, um zur Tat zu schreiten. Stattdessen diskutierten sie, argumentierten, ja stritten sich fast. »Frag deinen Herrn für uns danach«, sagte schließlich einer, »wie sie beschaffen sein soll, denn für uns sind Kühe einander doch recht ähnlich!« *(Qur'an 2:70)*

Und als Musa um Geduld rang, da fügte jener noch schnell hinzu: »Wir wünschen uns doch, recht geleitet zu werden – so Gott will!« *(Qur'an 2:70)*

Was Musa da dachte oder fühlte, ist uns nicht überliefert. Wohl aber, dass er seinen Herrn fragte und daraufhin sagte:« Er sagt, eine Kuh soll es sein, die nicht zum Pflügen der Erde oder zum Wässern der Felder abgerichtet wurde, die gesund und ohne Fehl ist.« *(Qur'an 2:71)*

Mochten sie sich noch so unverständig geben – unverständiger noch, als sie sowieso schon waren – nun ließ sich wirklich nicht mehr behaupten, man wisse nicht, was für eine Kuh es sein sollte! So sagten sie: »Nun endlich rückst du mit der Wahrheit heraus!« *(Qur'an 2:71)* und opferten seufzend die Kuh, die, wie sie ja gleich befürchtet hatten, ihre beste war.

3. Die Ziegenherde am Brunnen

Musa hatte einen weiten Weg zurückgelegt, ehe er schließlich ins Land Madyan[21] kam. Er war sehr erschöpft, müde, hungrig, durstig und wußte nicht, was werden sollte mit ihm. Um seinen Durst zu stillen, ging er zum Brunnen. Dort herrschte großes Gedränge, denn es war später Nachmittag und die Hirten tränkten ihr Vieh. Zwei Mädchen mit ihren Ziegen standen etwas verloren und wartend abseits, denn die Männer ließen sie nicht an den Brunnen, ehe sie nicht ihr Vieh getränkt hatten.

Es war dort nicht üblich, dass Männer sich um Frauen scherten, und schon gar nicht, dass sie ihnen bei der Arbeit halfen. So staunten die beiden Mädchen, als Musa sie ansprach und fragte: »Warum steht ihr hier?«

»Wir können unsere Herde nicht tränken, ehe nicht die Hirten ihre Herden zurückgebracht haben. *(Qur'an 28:23)* Und unser Vater Jetro ist schon zu alt, als dass er kommen und uns helfen könnte«, sagten sie. Da bahnte ihnen Musa einen Weg zum Brunnen und half ihnen, ihre Ziegen zu tränken.

Bald brach der Abend herein, und Musa ruhte sich unter einem Baum am Brunnen aus. Er war zu erschöpft und zu hungrig, um zu schlafen. Wie sollte es nur weitergehen mit ihm? Seine Gedanken schienen sich im Kreise zu drehen und er begann sich seine eigene Geschichte zu erzählen:

Die Ägypter ließen die Bani Israel hart arbeiten, ja, fast waren es Frondienste, die man ihnen abverlangte. Zudem hatten sie sehr unter der Tyrannei des Pharaos[22] zu leiden, der sie hasste, weil sie sich weigerten, ihn anzubeten.

Da hatte der Pharao eines Nachts einen Traum. Von einem Baum träumte ihm; und zwar von einem Baum, der wuchs und wuchs. Um den Baum herum waren viele Menschen; anfangs hielten sie sich an seinen Ästen fest, dann aber stürmten sie plötzlich alle den Palast des Pharao und zerstörten ihn. Ihn selbst töteten sie und stürzten seine Herrschaft.

Der beunruhigte Pharao rief unverzüglich die Traumdeuter zu sich. Die Deutung des Traums lag auf der Hand: Unter den Bani Israel würde ein Mann geboren werden, der ihm die Macht entreißen würde. Was sollte er tun? »Lass ihn nicht am Leben, o Pharao«, lautete die knappe Antwort seiner Berater. So gab er Befehl, dass die Hebammen von nun an alle männlichen Neugeborenen der Bani Israel zu töten hatten. Die Mädchen sollten am Leben bleiben, den Ägyptern zur Freude.

Das war die Zeit, zu der Musa geboren wurde. Er kam als zweiter Sohn 'Imrans zur Welt. Seine Eltern stammten beide aus dem Hause Levi, Sohn von Ya'qub. Anfangs gelang es seiner Mutter Johabith, ihn zu verstecken, doch bald schon war der Säugling zu lebhaft. Seine verzweifelte Mutter wusste, dass es nur noch eine Frage der Zeit war, bis man ihn entdecken würde. So legte sie ihn einer Eingebung folgend in ein Körbchen aus leichtem Holz oder geflochtenen Binsen und ließ es den Nil hinuntertreiben. Ihr Gefühl sagte ihr, es würde alles gut werden und sie würde ihr Kind lebend wieder in die Arme schließen können. Aber wie konnte sie sich dessen so sicher sein? Zwischen Zuversicht und Verzweiflung schwankend sagte sie zu ihrer Tochter Maryam: »Folge ihm!« *(Qur'an 28:11)* und wies sie an, sich im Schilf zu verstecken, um ihr Brüderchen im Auge zu behalten.

Gemächlich schaukelte das Körbchen auf dem Wasser. Die sanfte Strömung führte es mit sich und trieb es in den kleinen Kanal, der das Nilwasser direkt durch die Palastgärten leitete. Dort blieb es alsbald im dichten Schilf hängen. Da, wo das Schilf am dichtesten war, befand sich die Badestelle von Asiya,[23] der Frau des Pharaos. Sie hörte das Kind schreien, und der Anblick des hübschen Kleinen in seinem Korb rührte ihr Herz.

Als sie mit dem Säugling in den Palast kam, war der Pharao sehr ungehalten über ihren Fund. »Sieh doch nur«, sagte sie, »er wird mir und dir eine Augenweide sein! Töte ihn nicht. Vielleicht wird er uns von Nutzen sein oder wir nehmen ihn als Sohn an!« *(Qur'an 28:9)*

Was, wenn sich an diesem Kind sein böser Traum erfüllen würde? Der Pharao warf einen langen Blick auf den Säugling und ertappte sich bei dem Gefühl, sich zu ihm hingezogen zu fühlen; ihm selbst war bisher ein Sohn versagt geblieben... Schließlich gab er, wenn auch unwillig, dem Drängen und Bitten seiner Frau nach.

Voll Freude drückte sie das Kind an sich. Sie nannte es Musa, von *mu* – das Wasser, und *sa* – das Holz. Sie ließ bekannt geben, dass im Palast die Stelle einer Amme zu vergeben war. Es heißt, dass der Kleine immerzu schrie, jede Nahrung verweigerte und sich jeder Amme verwehrte. Schließlich meldete sich eine junge Frau im Palast, die behauptete, eine besonders erfahrene Amme zu kennen, die den Säugling gewiss beruhigen könnte. Es war Miriam, seine Schwester, der es gelang, auf diesem Wege Musas leibliche Mutter in den Palast zu schleusen. Sie nährte Musa und war für ihn die Brücke zum Denken und Empfinden seines eigenen Volkes.

Musa, der bald zu einem schönen, starken Knaben heranwuchs, erhielt eine königliche Erziehung. Er lernte bei den besten Lehrern seiner Zeit, die ihn in allen bekannten Wissenschaften unterrichteten, so wie es einem ägyptischen Prinzen gebührte. Er lernte schnell und bald hatte er sich das gesamte Wissen seiner Zeit angeeignet. Als er das mannbare Alter erreicht hatte, wurden ihm Weisheit und Wissen von Gott gegeben.

Bald war er alt genug, um zu sehen, welches Unrecht seinem Volk geschah. Als Mitglied der königlichen Familie brauchte er Pharao nicht anzubeten und so blieb ihm die offene Verweigerung erspart. Eines Tages aber, als er unerkannt durch die Straßen der Stadt streifte, geschah es, dass er in einen Streit zwischen einem Ägypter und einem der Bani Israel verwickelt wurde. Er schlug den Ägypter; wohl etwas zu stark, denn dieser war auf der Stelle tot.

Das war nicht seine Absicht gewesen, und er bereute es sehr. Es schien ihm, als sei es das Werk Iblis gewesen, und so schwor er, niemals hilfreich zu sein, wenn Schlechtes getan wurde.

Es stellte sich bald heraus, dass es sich bei dem Mann, den er getötet hatte, nicht um irgendeinen Ägypter handelte, sondern um einen von Pharaos Leuten. Er wagte nicht in den Palast zurückzukehren und voll Angst und Sorge lief er in der Stadt umher, bis der Tag anbrach. Da begegnete er wieder dem Mann, der ihn am Vortag um Hilfe gebeten hatte. Und wieder befand sich dieser in einer Situation, in der er lauthals schrie, man möge ihm doch helfen!

Musa war ungehalten: »Du bist in der Tat ein streitsüchtiger Geselle!« *(Qur'an 28:18)*, sagte er, doch er half ihm, einem Mann seines Volkes, trotzdem. Als er aber gerade daran war, Hand an den Ägypter zu legen, sagte dieser: »O Musa! Ist es deine Absicht, mich zu erschlagen, so wie du gestern den Mann erschlugst?« *(Qur'an 28:19)*

Musa erschrak, denn ihm wurde bewusst, dass er bei seiner Tat am Vortag erkannt worden war. Vermutlich war er bereits das Basargespräch des Tages. Als der Ägypter, sich seines Vorteils wohl bewusst, noch hinzufügte: »Offenbar hast du vor, ein grausamer und mächtiger Mann in diesem Land zu werden, und nicht jemand, der die Dinge ins Lot bringt!«, stand Musa wie gelähmt da – für einen kurzen Moment, denn ein Mann kam atemlos auf ihn zugerannt. Er kam vom anderen Ende der Stadt, aus dem Palastviertel und rief »O Musa! Deinetwegen sind sie bereits zusammengekommen und beraten über deinen Tod!« Nach einer kurzen Atempause fügte er hinzu: »Sieh zu, dass du fortkommst!« *(Qur'an 28:20)* Musa zögerte nicht, den Rat anzunehmen ...

Er fuhr auf, als ihn eine schüchterne Mädchenstimme aus seinen Gedanken riss, die ihn so weit fortgetragen hatten: »Mein Vater lädt dich zu uns ein, damit er dich dafür entlohnen kann, dass du unsere Herde für uns getränkt hast!«

Musa folgte ihr zum Haus ihres Vaters, der ein Mahl hatte vorbereiten lassen. Sie aßen und tranken. Dann fragte ihn der alte Mann nach seiner Geschichte. Musa erzählte und der gesamte Hausstaat lauschte atemlos. Als er geendet hatte, sagte Jetro würdevoll: »Hab keine Furcht mehr! Bist du doch einem ungerechten Volk entkommen!« *(Qur'an*

28:25) und versicherte ihn seiner Gastfreundschaft und seines Schutzes. Musa blieb nur zu gerne, zumal er selbst nicht wusste, wo er sonst bleiben sollte.

Eines Tages sagte eines der Mädchen zu seinem Vater: »Sieh doch, er ist stark und vertrauenswürdig! Warum nimmst du ihn nicht in deine Dienste!« Und so wurde Musa Hirte. Jetro war zufrieden mit ihm und es war nicht viel Zeit vergangen, da schlug er ihm vor, eine seine Töchter zur Frau zu nehmen. Da Musa kein Brautgeld aufbringen konnte, sollte er acht Jahre in den Diensten seines Schwiegervaters bleiben, wenn er es wollte gerne auch zehn. Und der alte Mann, der Musa in sein Herz geschlossen hatte, versprach, er werde ihm das Leben auch nicht unnötig schwer machen.

Musa heiratete Zipporah, das Mädchen, das ihn zum Haus seines Vaters geführt hatte. Jedoch wollte er nicht sein ganzes Leben als Viehzüchter in Madyan zubringen. Auch wenn er jede Gelegenheit, wenn sie sich nur bot, nutzte, sein Wissen zu mehren, so war er doch rastlos. Als er seinen Teil der Abmachung erfüllt hatte – und mehr als das, denn er war zehn Jahre in Jetros Diensten geblieben –, begab er sich mit seiner Familie und seinen Herden auf Wanderschaft.

Und eines Tages, als sie mit ihren Herden am Fuße des Berges Tur entlang zogen, da war ihm, als sähe er in der Ferne ein Feuer. Er hieß seine Familie rasten und machte sich auf, in der Hoffnung, ihnen von dem Feuer zu bringen, so dass sie sich daran würden wärmen können. Doch was er da fand, sollte alles verändern, und bei seiner Rückkehr sollte er nicht mehr der sein, der er war ...

4. Der Widder und das doppelte Opfer

Ibrahim liebte Gott. Mehr als alles auf der Welt liebte er ihn. So nahe wollte er Ihm sein, wie man seinem Geliebten eben nahe sein möchte. Ibrahims Beiname war Khalil ullah – Freund Gottes, und Gott hörte, wenn Ibrahim zu Ihm sprach.

Es war zu der Zeit, als sich Ibrahim, der bereits sechsundachtzig Jahre alt war, in Syrien und Palästina aufhielt. Da bat er eines Tages: »Herr, gewähre mir einen rechtschaffenen Sohn!« *(Qur'an 37:100)*

Er wurde gehört.

Nach der üblichen Zeit gebar ihm Hagar, die Magd seiner Frau, einen Sohn und er nannte ihn Ismail. Dieser Name leitet sich im Arabischen von der Wurzel *sami'a* – hören ab, denn Gott hatte Ibrahim gehört. Im Qur'an heißt es, dass der Charakter des Jungen *halim (Qur'an 37:101)* war, was soviel bedeutet wie ›milde‹, aber auch ›bereit zu leiden und zu ertragen‹.

Nach einiger Zeit zog Ibrahim mit seiner Familie in die Gegend um Mekka. Es war nicht so recht ein Traumbild, das er dort eines Nachts hatte, eher eine Vision: Er sollte seinen Sohn Ismail opfern.

Ein Beiname Ibrahims lautete: *hanif (Qur'an 2:135)* – der Getreue und es heißt, dass er ein *qalb salim* – ein gesundes, reines Herz hatte. In der arabischen Welt gilt das Herz nicht nur als Sitz der Gefühle und Gemütsbewegungen, sondern auch als Ort der Intelligenz und des daraus resultierenden Tuns – ein Konzept, das das gesamte Wesen einschließt.

Es konnte nicht sein, dass diese Vision ein Gebilde seiner Phantasie war, etwas, das sich ihm vorspiegelte. Nein, es gab keinen Zweifel. Es war, was es war.

Als er seinem Sohn am folgenden Tag das Ungeheuerliche berichtete, sagte dieser nur: »Vater, tue, was Gott befohlen hat! Ich werde versuchen, standhaft zu sein.« Und so nahmen Vater und Sohn ihre Prüfung an.

Zu Ismails Mutter, Hagar, sagte Ibrahim nur: »Ziehe ihm seine besten Kleider an, denn wir wollen einen lieben Freund besuchen!«

Unterwegs begegnete ihnen Shaitan, der Verfluchte, der auf sie wartete, um die Gunst der Stunde zu nutzen. In dieser Situation musste es einen Zweifel geben, eine Verzweiflung, eine Frage – und sei sie noch so klein, ihm würde sie schon genügen, den beiden den Samen der Auflehnung einzuflüstern. Gut möglich, dass das, was er ihnen sagen würde, für den Moment auch einleuchtend, ja vernünftig klingen würde.

Ibrahim und Ismail aber ließen sich gar nicht erst aufhalten, sondern bewarfen ihn ohne langes Bedenken mit herumliegenden Steinen, bis er verschwand. Zum Andenken daran werfen die Muslime am dritten Tag der *hajj,* der Pilgerreise nach Mekka, sieben Steine auf *jamrat al-ʾaqabah*, eine große Steinsäule, die die Versuchung Shaitans symbolisiert.

Auf dem Berg legte Ibrahim Ismail auf einen Stein. In einigen Berichten heißt es, dass sein Messer, als er es ihm an die Kehle setzte, nicht schnitt. Sicher ist, dass Ibrahim in diesem Moment Gott sagen hörte: »Ibrahim, du hast die Vision bereits erfüllt!« *(Qurʾan 37:104–105)* Freudentränen rannen Ibrahim über das Gesicht, als er seinen Sohn in seine Arme riss.

Das Opfer war erbracht worden. Sie hatten alles gegeben: sich selbst mit ihrem ganzen Sein und all ihrem Wollen. An einem solchen Opfer ist nichts, das zerstörerisch wäre, vielmehr ist es eine Vervollkommnung.

Da blökte ein Widder im nahen Gebüsch und sie opferten ihn an Ismails Statt. Zum Gedenken an das Opfer von Ibrahim und Ismail wird jedes Jahr zur Zeit der *hajj* das Opferfest am 10. Dhulhijja gefeiert: Wer es sich leisten kann, schlachtet ein Schaf und gibt das Fleisch an Arme, Freunde und Verwandte.

5. Der Streit um die Schafherde

Suleiman war erst elf Jahre alt, aber er verfügte bereits über einen außerordentlich scharfen Verstand. Sein Vater, König David, förderte, erzog und unterrichtete ihn. So war ihm erlaubt, bei Staatsangelegenheiten anwesend zu sein und auf diese Weise am öffentlichen Leben teilzuhaben.

Sein Vater David war ein gerechter König und ein guter Richter – er pflegte selbst Recht zu sprechen, und die Menschen kamen von weit her an seinen Hof gereist, damit er seinen Schiedsspruch fälle.

Eines Tages brachten zwei Männer ihren Fall vor *(Qur'an 21:78–82)*: Der eine besaß eine Schafherde, die durch seine Nachlässigkeit – er hatte das Gatter nicht sorgfältig genug verschlossen – eines Tages ausgebrochen und in das Feld des anderen Mannes eingefallen war. Bis man sie entdeckt hatte, war erheblicher Schaden entstanden, denn das Feld war nahezu kahl gefressen.

Der Besitzer der Schafe war sich seiner Schuld bewusst, doch er war sehr arm und ernährte seine Familie mehr schlecht als recht von seiner Schafherde. Seine Kinder tranken die Milch der Schafe und aßen den köstlichen Joghurt, den ihnen die Mutter daraus bereitete. Sie ernährten sich vom Fleisch der Schafe. Die Frauen der Familie fertigten Kleidung und Webteppiche aus der Wolle, die Felle dienten ihnen als Decken.

Wenn mehr blieb, als die Familie für ihren Bedarf brauchte, verkauften sie das Übrige auf dem Markt. Doch dieser geringe Erlös würde niemals ausreichen, um den Besitzer des Feldes zu entschädigen.

Dieses Feld aber war alles, was der andere Mann besaß, und die Ernte eines ganzen Jahres war nun vernichtet.

David entschied: »Der Besitzer der Schafherde soll sie als Wiedergutmachung des Schadens dem Besitzer des Feldes übergeben!«

Da zupfte Suleiman seinen Vater am Arm und fügte leise hinzu: »Aber nur für ein Jahr, Vater!«

David stutzte, dann strahlte er über das ganze Gesicht: »Wiederhole laut, mein Sohn, was du mir eben gesagt hast!« Suleiman hatte zwischen der Sache an sich und ihrem Ertrag unterschieden, und obwohl er nur ein Kind war, hatte er nicht gezögert, sich seinem Vater mitzuteilen.

David war sich dessen bewusst, dass Weisheit, Gerechtigkeit und auch die Gabe des Psalmengesangs Geschenke waren, die er erhalten hatte, und nichts, das ihm Grund zu Eigendünkel hätte sein können. Er war König, aber trotzdem gehörte Bescheidenheit zu seinen Eigenschaften und er besaß genug Wahrnehmungsfähigkeit, um Weisheit zu erkennen, selbst wenn sie von einem kleinen Jungen vorgebracht wurde. Und der Urteilsspruch seines Sohnes war dem Fall nun mal angemessener, denn der Besitzer des Feldes hatte es ja nicht für immer verloren, sondern war lediglich um den Ernteertrag eines Jahres geschädigt worden.

Suleimans Urteil sprach ihm den Ertrag der Schafherde – die Milch und die Wolle – für ein Jahr zu, bis die neue Ernte reif wäre. Dann würde der Hirte seine Herde zurückerhalten, denn die Schafe hatten ja auch nur die Ernte eines Jahres gefressen und im folgenden Jahr konnte der Acker aufs Neue bestellt werden.

6. Schaf und Wolf

Wie der Wolf nicht Schafhirte sein kann,
so kann auch ein Tyrann nicht regieren.

(Saadi, Gulistan I, 6)

Von den Schlechten lernst du nichts als Schlechtes,
ein Wolf wird zu seinem Unterhalt nicht Schaffelle
flicken. *(Saadi, Gulistan VIII; 39)*

Ich hörte von einem Mann, der ein Schaf
vor dem Rachen des Wolfes rettete –
nur um ihm eines Nachts die Kehle durchzuschneiden.
Mit seinem letzten Atemzug klagte das Schaf:
»Du hast mich aus den Klauen eines Wolfs errettet,
doch sehe ich näher hin, so bist du für mich der Wolf!«

(Saadi, Gulistan II, 31)

»O Weiser«, sagte ein junger Schafhirte zu seinem Vater,
»gib mir einen väterlichen Rat.«
»Sei milde«, sagte der Vater, »aber nicht so sehr,
daß der Wolf verwegen wird.« *(Saadi, Gulistan VIII, 20)*

VI.

Tiere aus Wüste, Wald und Steppe

Nicht immer fängt der Jäger das Wild,
manchmal macht auch der Tiger ihn zur Beute.

(Saadi, Gulistan III, 27)

Der Löwe frißt nicht, was der Hund übriggelassen,
selbst wenn er in seiner Höhle Hungers stirbt.

(Saadi, Gulistan III, 13)

Ein einziges Wort verbrennt eine Welt
und macht aus toten Füchsen Löwen.

(Masnavi, Vers 1606)

Man sagt, der Löwe sei der König aller Tiere und der Esel
    das geringste aller Tiere;
und doch heißt es, nach Ansicht der Weisen,
daß ein lastentragender Esel besser sei als der men-
    schenverschlingende Löwe.   *(Saadi, Gulistan I, 20)*

Am Ende wird das Wolfsjunge ein Wolf,
und ist es auch unter Menschen aufgewachsen.

(Saadi, Gulistan I, 4)

Zwei Arten von Damwild grasen auf derselben Weide,
doch von der einen kommt Moschus, von der anderen
    nur Dung.   *(Masnavi, Vers 270)*

1. Der Löwe

Der Löwe ist Symbol des Handelns, Gegenpol der Kontemplation, denn er symbolisiert das Gold und die Sonne; das aktive, richtunggebende, schöpferische Prinzip in Allem. So gilt er auch als Sinnbild des Sheikhs, dem der Schüler alles verdankt, was er an geistiger Unterweisung und Erfahrung erhalten hat. In schiitischen Kreisen wird 'Ali oft als Löwe Gottes symbolisiert. So wird er auch von Jalaluddin Rumi im *Masnavi* beschrieben:

Der Prophet sagte zu 'Ali (598–661), dem Cousin und Schwiegersohn des Propheten Muhammad:

»O 'Ali, du bist der Löwe Gottes, du bist tapfer und mutig!

Aber verlaß dich nicht auf diesen Löwenmut!

Komm in den Schatten der Palme der Hoffnung.«

(Rumi, Masnavi, Vers 2971)

2. Der Löwe Gottes

'Ali zog im Kampf das Schwert, um einen Ungläubigen, über den er die Oberhand gewonnen hatte, zu töten. Da spukte dieser ihm ins Gesicht, woraufhin Ali sein Schwert sinken ließ und ihn freigab.

Der Krieger, der sich seines bevorstehenden Todes sicher war, wunderte sich sehr über die erstaunliche Vergebung: »Du hattest bereits dein Schwert gegen mich gezogen! Weshalb lässt du es sinken und verschonst mich? Was ließ deinen Zorn so jäh erlöschen?«

'Ali antwortete: »Ich ziehe das Schwert für Allah. Ich bin der Löwe Gottes und nicht der Löwe der Leidenschaft! Als du im Kampf auf mich spiest, brauste Zorn in mir auf und halb hätte ich im Namen Gottes gehandelt, halb im Namen meiner Leidenschaft! Ich bin nicht Sklave meiner Sinne, so dass ich jemanden töte, weil er mir Unrecht getan hat! Im Kampf wurde an mir das Geheimnis der Worte verdeutlicht: ›Als du warfst, da warfst nicht du *(Qur'an 8:17)*, denn ich bin nur das Schwert, doch der Kämpfer ist die Sonne!‹« *(Masnavi, Verse 3785–3797)*

3. Der Löwe an der Kette

Ein Freund kam aus der Ferne, um Yusuf (der Prophet Josef) zu besuchen. Sie waren schon in ihrer Kindheit Freunde gewesen und hatten vertraut am selben Kissen gelehnt.

Yusuf sprach über die Ungerechtigkeit und den Neid der Brüder und sagte: »Der Neid war die Kette, ich war der Löwe. Der Löwe wird durch eine Kette nicht entwürdigt; ich beklage mich nicht über Gottes Bestimmung. Auch wenn um des Löwen Hals eine Kette liegt, so ist er doch Herr über alle Kettenschmiede.« *(Masnavi, Vers 3169)*

4. Das Löwentattoo

Es war Brauch bei den Menschen in Qazwin, sich mit einer Nadelspitze und blauer Farbe auf Körper, Hand und Schulter tätowieren zu lassen. Dies sei ein Schutz, hieß es.

So ging ein Mann aus Qazwin eines Tages zum Barbier und sagte: »Mach mir eine Tätowierung! Aber mach es sanft, und ohne meinen Körper zu verletzen.«

»Mein Held«, sagte der Barbier, »welches Muster soll ich dir tätowieren?«

»Stich mir das Bild eines brüllenden Löwen«, antwortete der Mann. »Mein Schicksal steht im Zeichen des Löwen. Tätowiere mir das Bild eines Löwen. Mache es schön, und ritze es mir auf mein Schulterblatt.«

Der Barbier griff zu seiner Nadel, stach zu und dem Mann schoss ein Schmerz durch die Schulter. Da begann der Held zu klagen: »Meister, du tötest mich! Was tätowierst du da?«

Der Barbier antwortete: »Nun, du hast mich um das Bild eines Löwen gebeten.«

Da fragte der Mann: »Mit welchem Teil hast du begonnen?«

»Ich habe mit dem Schwanz begonnen«, sagte der Barbier.

»O mein Freund«, rief da der Mann, »vergiss den Schwanz! Der Schmerz des Löwenschwanzes ließ meinen Rücken brennen, würgte meine Kehle und ließ mir den Atem stocken. O Löwenmacher! Mach mir einen Löwen ohne Schwanz, denn mein Herz wird krank vom Stich der Nadel und ich könnte ohnmächtig werden!«

Beherzt und ohne großes Mitgefühl stach der Meister mit der Nadel weiter, um einen anderen Teil des Löwen zu beginnen.

Da wollte der Mann wissen: »Welcher Körperteil ist es denn diesmal?«

»Sein Ohr, mein Herr«, antwortete der Barbier.

»O Meister«, sagte der Mann, »vergiss die Ohren – mach es kurz!«

Der Barbier begann mit einer anderen Stelle, aber da fing der Mann aus Qazwin schon wieder an zu jammern: »Welcher Teil ist es denn nun?«

»Der Bauch des Löwen, trefflicher Herr«, kam die höfliche Antwort.

»Lass den Löwen ohne Bauch, was braucht man schon einen Bauch für einen Löwen!«, flehte der Mann.

Da warf der Barbier seine Nadel zu Boden: »Wer hätte je einen Löwen ohne Schwanz, Kopf und Bauch gesehen! Ertrage den Schmerz der Nadel, oh Bruder, damit du von den Schmerzen deines Ichs gerettet wirst!«[24]

> In wessen Körper das Nafs[25] gestorben ist, dem unterwerfen sich Sonne und Wolken.
> Selbst die Sonne kann den nicht verbrennen, der gelernt hat, sein Herz zu entflammen und erleuchtet zu sein.
>
> *(Masnavi, Verse 2993ff.)*

5. Die verhüllte Gazelle

Und unter all den wundersamen Dingen ist auch eine verhüllte Gazelle: göttliche Subtilität[26], verhüllt von einem Zustand des Selbst, sich beziehend auf die Zustände derer, die wissen. Unfähig, ihre Wahrnehmungen anderen zu erklären, sind diese nur in der Lage, sie demjenigen zu bedeuten, der begonnen hat, ähnliches zu fühlen...

(Ibn Arabi, Der Interpret des Verlangens)

6. Die Beschwerde des Fuchses

Eines Tages fing der Fuchs einen Hasen, drückte ihn fest und fragte so drohend, wie er nur konnte: »Bin ich der König der Tiere?«

»Ja, ja, selbstverständlich bist du das«, sagte der Hase in seiner Todesangst.

Als Nächstes kreuzte eine kleine Schar Hühner seinen Weg. Er fackelte nicht lange und tönte: »Ich bin der König der Tiere!«

»Natürlich bist du das!«, gackerte es ihm vielstimmig aus zittrigen Kehlen entgegen.

Auch der Igel, dem der Fuchs als nächstem begegnete, säumte nicht, ihm zuzustimmen.

Da sah er einen Löwen. Unverzüglich lief er auf ihn zu und rief schon von weitem: »Ich bin der König der Tiere! Ich bin es, der Fuchs – der König der Tiere!«

Kaum aber, dass er bei dem Löwen angelangt war, da holte dieser mit seiner Pranke aus und versetzte dem Fuchs einen mächtigen Hieb und brüllte – nur ein einziges Mal, und nur sehr kurz. Aber das genügte.

Der Fuchs rappelte sich mühsam wieder auf und schlich sich zitternd von dannen.

»Gleich so vehement und mit roher Kraft auf ein paar Worte zu reagieren... das ist doch keine Antwort! Vielleicht habe ich deine Gefühle verletzt – kein Grund gleich so brutal zu werden!«, maulte der Fuchs und trollte sich.

(Derwischgeschichte)

7. Die Sorge des Fuchses

Saadi erzählt die Geschichte des Fuchses, den man Hals über Kopf davonlaufen sah, vor lauter Angst stolpernd und fallend.

Nach der Ursache dafür befragt, gab der Fuchs zur Antwort: »Ich habe gehört, dass sie kommen, um die Kamele zum Frondienst zu holen!«

»Dummkopf!«, sagte man zu ihm. »Was hast du, der du einem Kamel nicht einmal ähnelst, mit deren Schicksal zu schaffen?«

»Still!«, erwiderte er. »Stell dir bloß vor, irgendein Neider würde behaupten, ich sei ein junges Kamel, und man würde mich ergreifen! Wer würde da meine Freilassung betreiben?«

(Saadi, Gulistan I, 16)

8. Wie man Tiger fernhält

Nasrudin lief um sein Haus und verstreute Händeweise Brotkrumen.

»Was tust du da?«, fragte ihn ein Nachbar.

»Ich sorge dafür, dass die Tiger fern bleiben!«

»Aber hier in dieser Gegend gibt es doch gar keine Tiger!«

»Eben! Wie du siehst, funktioniert es!«

(Türkische Volkserzählung)

9. Auf Bärenjagd

Der König schätzte Nasrudins Gesellschaft und so lud er ihn eines Tages auf die Bärenjagd ein.

Bereits bei dem Gedanken, wie gefährlich ein Bär sein kann, standen Nasrudin die Haare zu Berge. Aber es half nichts, dem König widersetzt man sich nicht.

Als Nasrudin von der Jagd zurück in sein Dorf kam, fragte ihn ein Nachbar: »Und, wie war es auf der Jagd?«

»Oh, wunderbar!«

»Wie viele Bären hast du denn erlegt?«

»Keinen Einzigen!«

»Und wie viele hast du gejagt?«

»Keinen Einzigen!«

»Wie viele hast du gesehen?«

»Keinen Einzigen!«

»Aber was war denn dann so wunderbar daran?«

»Wenn jemand wie ich auf Bärenjagd geht, ist ›kein Einziger‹ mehr als genug!«

(Türkische Volkserzählung)

VII.

Die Vögel

Alle Könige beugen sich vor dem, der sich vor ihnen
beugt,
alle Menschen sind berauscht von denen, die von ihnen
trunken sind.
Der Vogelfänger ist der Vögel Beute, und plötzlich glaubt
er, sie zu jagen.
Die Herzensbrecher sind Gefangene jener, die ihre
Herzen an sie verloren.
Alle Geliebten sind die Beute der sie Liebenden.
Wer immer dir ein Liebender zu sein scheint, betrachte
ihn als den Geliebten;
je nach Standpunkt ist er beides: der eine wie der andere.

(Masnavi, Vers 1745)

Da du von der Stimme des Vogels nur den Klang
vernommen hast,
ließest du hundert falsche Vorstellungen und Wünsche
aufleuchten. *(Masnavi, Vers 3432)*

Ein Vogel wird sich vom ausgestreuten Korn fern halten,
wenn er einen anderen bereits im Netz gefangen sieht.

(Saadi, Gulistan VIII, 95)

Wenn Unterdrückung herrscht, stirbt sogar der Vogel in
seinem Nest. *(Saadi, Gulistan VII, 95)*

Es ist nicht verwunderlich, wenn das Lied der Nachtigall,
die mit einer Krähe im Käfig ist, leise klingt.

(Saadi, Gulistan VIII, 55)

1. Der Vogel der körperlosen Welt

Wie soll ich beschreiben, was ich bin?
Ganz existiere ich und bin doch nicht-existent –
   durch Ihn bin ich.
Was auch immer aus dem Dasein zu etwas Nichtigem wird –
die Bedeutung dieses Nichts bin ich.

Manchmal ein Stäubchen auf der Sonnenscheibe;
manchmal ein Kräuseln auf der Wasserfläche.
Jetzt fliege ich im Wind der Assoziationen umher.
Jetzt bin ich ein Vogel der körperlosen Welt.

Auch mit dem Namen des Eises bezeichne ich mich:
Bin ich zur Winterzeit doch erstarrt.
Ich habe mich in die vier Elemente gehüllt:
Ich bin die Wolke auf dem Antlitz des Firmamentes.

Von der Einheit bin ich in die Unendlichkeit gelangt:
In der Tat – nichts existiert, das ich nicht bin.
Meine Lebenskraft ist aus der Quelle des Lebens selbst;
und ich bin die Rede in jedem Munde.

Ich bin das Gehör in jedem Ohr;
und ich bin auch das Sehen in jedem Auge.
Ich bin die Möglichkeit jeder Sache;
ich bin die Wahrnehmung eines jeden.

Mein Wille und meine Zuneigung gehören jedem;
auch bin ich mit meinen eigenen Taten zufrieden.

Für die Sündigen und Lasterhaften bin ich böse;
für die Guten aber bin ich wohltätig.

(Abu Isma'il Abd Allah al-Ansari)

2. Die pickenden Vögel

Wenn du ein Korn bist, werden dich die kleinen Vögel
  picken,
wenn du eine Blume bist, werden dich die Kinder pflücken.
Verbirg das Korn, damit du sie täuschst, verbirg die Blüte,
  dann wirst du blühen.

Auf den, der seine Schönheit zu Markte trägt, warten
  hundert schlimme Schicksale;
Intrigen, Ärger und Neid ergießen sich über sein Haupt
  wie Wasser aus dem Schlauch.
Feinde reißen ihn aus Eifersucht in Stücke, selbst Freunde
  trachten ihm nach dem Leben.
Wie sollte einer, der nicht weiß, wie man sät, der den
  Frühling nicht kennt,
den Wert des Augenblicks kennen?

(Masnavi, Vers 1841)

3. Die Lehmvögel

Eines Tages, als Isa ben Mariam – der Prophet Jesus, über
den es im Mittleren Osten zahlreiche mündliche Überlieferungen gibt – noch ein Kind war, saß er an einem Teich
unweit dem Haus seiner Eltern und formte kleine Vögel
aus Lehm. Er tat dies mit großer Kunstfertigkeit und bald
liefen andere Kinder herbei.

Einige sahen fasziniert zu, andere ärgerten sich, dass sie so etwas nicht konnten und beschwerten sich bei ihren älteren Geschwistern. Da sagten einige von den älteren Kindern: »Eine solche Arbeit ist heute nicht erlaubt!«, denn es war Sabbath.

Nicht lange und die älteren Kinder kamen mit den Erwachsenen, die sie verständigt hatten, zum Teich, an dem Isa saß. Streng befragten sie ihn, wo die Lehmvögel seien, die er geformt hätte.

Isa deutete auf die Vögel – die im selben Augenblick auf und davon flogen.

»Man kann keine Vögel aus Lehm machen, die fortfliegen!«, sagte einer der Männer.

»Ich würde diese Kunst gerne lernen!«, sagte eines der älteren Kinder.

»Das ist keine Kunst, sondern Täuschung!«, antwortete ein anderer.

Da waren keine Vögel mehr. Da war keine Kunst, die gelehrt werden konnte. Da war auch kein Sabbath gebrochen worden. Der Grund, weswegen am Sabbath keine Arbeit ausgeführt werden soll, war vergessen worden und die Erwachsenen wie die Kinder hatten sich getäuscht, denn sie kannten den Grund nicht, weswegen die Vögel geformt worden waren.

4. Die Konferenz der Vögel

Dem Propheten David war die Gabe des Gesangs und des Psalmendichtens gegeben. Wenn er des Morgens und des Abends sein Herz in seine Lieder legte, Gott dankte und Ihn pries, da stimmten die Berge und die Vögel in seine Gesänge ein. »Und die Vögel versammelten sich, und gemeinsam mit ihm wandten sie sich an Gott.« *(Qur'an 38:19)*

Es war der Wiedehopf, im Arabischen *Hudhud*, der die Versammlung der Vögel eröffnete. Er war nicht unbedingt der klügste, nicht der stärkste, auch nicht der größte oder kämpferischste der Vögel. Aber sicherlich der geeignetste; er, der das Zeichen für den Namen Gottes, *Bismillah*, auf seinem Schnabel trug. Er wusste um vielerlei Verborgenes. So wußte er Wasser zu finden an Orten, wo keines zu sein schien. Er war der Botschafter, welchem der Prophet Salomo sein Vertrauen schenkte, der die Grenzen seines Reiches ausmaß und dessen Abwesenheit Salomo bemängelte.

»Machen wir uns auf den Weg zu unserem König!«, appellierte er an die zahlreich versammelten Vögel. »Wir haben nämlich einen König! Sein Name ist Simurgh und er lebt an einem unzugänglichen Ort hinter dem Gebirge Qaf.

Er ist der oberste Herr und ist uns nahe, auch wenn wir weit entfernt von ihm sind, denn zwischen uns und ihm sind hunderttausend Schleier aus Licht und Dunkelheit. Selbst an seinem Hofe zeigt er sich nicht unmittelbar; kein Wissen und kein Verstand kann dies durchdringen. Selbst die reinste Seele kann ihn nicht beschreiben, noch kann der Verstand ihn begreifen. Der Weise kann seine Vollkommenheit nicht aufdecken. Selbst für jenen, der sich dem Weg des Verstehens gewidmet hat, ist das Maß seiner Schönheit unvorstellbar. Wie kann man von der Größe eines Fisches auf den Mond schließen?

Wie soll man den Weg zu diesem König mit Hilfe von Vorstellungen und Gedanken beschreiten? Zudem ist der Weg unbekannt, obwohl Tausende Lebewesen sich ihr Leben lang nach ihm sehnen. Glaubt nicht, dass die Reise kurz sei! Viele Länder und Meere liegen auf dem Weg und man braucht das Herz eines Löwen, diese ungewohnte Straße zu gehen.

Es wird mühsam werden; zuweilen werden wir lächeln, dann wieder weinen oder verwirrt sein und uns überaus glücklich schätzen, den Weg auch nur ein Stück weit entdeckt zu haben. Doch was wäre ein Leben, ohne dies versucht zu haben! Wie könnte man seine Seele von seinem Geliebten fern halten! So seht zu, dass ihr in der Verfassung seid, eure Seele zum Hof des Königs zu führen.«

Als der Wiedehopf seine Rede beendet hatte, begannen die Vögel aufgeregt von ihrem König zu sprechen, von seinem Ruhm und seiner Herrlichkeit. Sie sehnten sich danach, vor ihm zu stehen, und konnten es kaum erwarten, endlich aufzubrechen. Sie beschlossen, die Reise gemeinsam zu machen, und so wurde jeder zum Freund des anderen und zum Feind seiner selbst.

Doch bald wurde ihnen deutlich, wie lang und mühselig diese Reise sein würde und sie zögerten. Trotz guten Willens begannen sie nach Ausflüchten zu suchen. Und da war auf einmal keiner, der keine Ausrede ersonnen hätte. Ein jeder tat dies glaubhaft und ganz nach seiner Art.

Unter den Ersten, die vortraten, war die stets verliebte Nachtigall. Nahezu außer sich ließ sie all ihre Leidenschaft in die tausend Töne ihres Liedes einströmen, und jeder Ton umfasste eine ganze Welt voller Geheimnisse. Von ihnen sang sie, so süß und klagend zugleich, dass die anderen Vögel alle verstummten.

»Ich kenne alle Geheimnisse der Liebe«, flötete sie. »Nacht für Nacht singe ich meine Liebeslieder, die süßer klingen als das Weinen der Flöte und das Klagen der Laute. Sie bringen die Rosen in Aufruhr wie die Herzen der Liebenden. Immer neue Geheimnisse lehre ich sie, immer neue, traurige Lieder ersinne ich. Wenn die Liebe meine Seele überwältigt, ist mein Gesang gleich dem Seufzen des Meeres. Wer mich singen hört, gibt seinen Verstand auf, und wäre er auch ein noch so weiser Mann.

Nicht jeder weiß um meine Geheimnisse; allein der Rose sind sie allesamt vertraut. Von ihr, meiner Vielgeliebten, getrennt zu sein, würde mich untröstlich machen und mich verstummen lassen. So sehr liebe ich sie, dass ich nicht an mein eigenes Leben denke, sondern nur an sie. Die Korallenfarbe ihrer hundert Blütenblätter, die sie für mich, für mich allein, entfaltet, erfüllt all mein Denken. Wenn sie gerade erblüht, ihr Antlitz hinter dem Schleier zeigt – so tut sie es für mich, mir allein lächelt sie zu. Seht, die Liebe zur Rose ist der Nachtigall genug!

Wie sollte ich auch nur eine einzige Nacht auf die Liebe dieser Zauberin verzichten können? Wie sollte mir, da ich dieses schon nicht vermag, die Reise zum Simurgh gelingen? Wie sehr übersteigt diese Reise meine Kräfte!«

So glaubhaft dies auch klang, der aufrechte Wiedehopf ließ sich nicht täuschen, sich auch nicht von diesen süßen Klängen betören. »O Nachtigall, die du zurückbleiben möchtest, weil du dich von der äußeren Gestalt der Dinge blenden lässt!«

In klaren, einleuchtenden Worten begann er unverzüglich, ihr Mut zuzusprechen: »Höre auf, in deiner Zuneigung zu schwelgen! Du täuschst dich, denn die Liebe der Rose, die dich so verwirrt und beherrscht, hat viele Dornen! Die Rose ist schön, doch wie rasch ist ihre Pracht vergangen! Wer nach Selbstvervollkommnung strebt, sollte sich nicht zum Sklaven einer so vergänglichen Liebe machen. Das Lächeln der Rose, das deine Begierde weckt – erfüllt es deine Tage und Nächte doch nur mit Weinen und Klagen. Entsage der Rose und erröte selbst!«

Da wusste die Nachtigall nichts mehr zu sagen. Sie wandte sich suchend um, da fiel ihr Blick auf den Pfau: »Sei gegrüßt, o Pfau des Gartens der acht Tore! Du bist betrübt, weil die siebenköpfige Schlange dich aus dem Garten vertrieben hat!«, sagte sie und nickte ihm zu.

Da trat der Pfau, dessen Federn in hunderttausend verschiedenen Farben schillerten, als Nächster vor. Er trat nicht nur vor, er präsentierte, drehte und wendete sich, schlug sein Rad und kokettierte wie eine junge Braut.

»Um mich zu gestalten, ergriff der Maler der Welt einen Pinsel der Dschinnen«, sagte er mit einer leichten Verbeugung. »Ich mag der Gabriel unter den Vögeln sein, und doch bin ich nicht um mein Schicksal zu beneiden, denn im Garten Eden hatte ich mich der Schlange entgegenkommend gezeigt, und zur Strafe wurde ich schmählich aus dem Paradies vertrieben.

Mein Gefieder ist mir geblieben, meine Füße jedoch machte man mir zum Gefängnis. Wie soll ich diesen weiten Weg zu dem König, von dem du sprichst, zurücklegen? Wie kannst du erwarten, dass ich danach strebe, zum Simurgh zu gelangen, da ich nur den einen Wunsch in meinem Herzen hege, eines Tages wieder im Garten Eden weilen zu dürfen!«

Da antwortete der Wiedehopf: »Du irrst vom geraden Weg ab! Der Palast dieses Königs ist weit mehr wert als dein Paradies. Du kannst nichts Besseres tun, als dich dorthin aufzumachen, denn dieser Palast ist die Wohnstatt des Herzens, der immerwährende Sitz der Wahrheit, die Heimat der Seele – das Ziel hinter einem jeden Wunsch. Warum willst du nach einem Tropfen Abendtau suchen, wenn du den Ozean haben kannst? Soll derjenige, der an den Geheimnissen der Sonne teilhat, seine Zeit mit einem Staubkorn vergeuden? Wenn du Vollkommenheit erlangen willst, suche das Ganze, wähle das Ganze, sei ganz!«

Nachdenklich senkte der Pfau sein Haupt und trat still zurück an seinen Platz.

Leise schnatternd meldete sich die bescheidene Ente zu Wort. »Über mich gibt es nicht viel zu sagen«, begann sie und man merkte, dass es ihr nicht leicht fiel, vor so vielen Vögeln von sich zu sprechen.

»Man kann sagen, dass ich das reinste Geschöpf unter den Vögeln bin. Jede Stunde vollziehe ich die Waschungen, um alsdann den Gebetsteppich über das Wasser zu breiten. Kaum ein Vogel ist im Wasser so zu Hause wie ich. Ich habe eine reine Sicht, reine Gewänder und lebe in einem reinen Element. Im Wasser finde ich meine Nahrung und wenn mich etwas quält oder ich Ärger habe, was immer es ist, dient mir das klare Wasser dazu, es einfach abzuspülen. Alles Leben lebt durch das Wasser, und auch ich bescheide mich damit. Wie sollte ich mich danach sehnen, den Simurgh zu schauen?«

»O du, die sich am Wasser ergötzt und die ihr ganzes Leben auf das Wasser ausgerichtet hat!«, sagte da der Wiedehopf. »Träge dämmerst du im Wasser dahin – lässt dich tragen, wohin dich die Welle mitnimmt, die gerade kommt. Wasser ist gut zum Waschen, doch wenn du dich gesäubert hast, gibt es anderes zu tun – oder willst du selbst zu Wasser werden?«

Da staunte die wackere Ente – so hatte sie es bislang nicht gesehen! – und machte Platz für das anmutige Steinhuhn.

»Ich streife gerne in Ruinen umher, denn ich liebe kostbare Steine«, sagte das Steinhuhn selbstgefällig. »Sie haben ein Feuer in meinem Herzen entzündet, und es ist mir genug, wenn ich vor Verlangen nach diesen Juwelen brenne!

So vieles ist vergänglich, doch das Reich der Edelsteine ist ewig. Sind sie nicht die Essenz des erhabenen Berges? Welche Substanz wäre edler als der Edelstein, vor dem selbst die Perle verblasst.

O meine Freunde, seht doch, was für ein Leben ich führe! Meine Leidenschaft macht mich verwirrt und untätig. Mein Leben geht zwischen den Steinen und dem Feuer dahin. Was nützt euch bei eurem hehren Vorhaben ein Geschöpf wie ich, das auf Steinen schläft und Kiesel isst? Zudem ist der Weg zum Simurgh weit und beschwerlich, und an meinen Füßen hängen Steine.«

Da sagte der Wiedehopf: »O du, der du die Farben aller Steine auf deinem Gefieder trägst, du hinkst ein wenig und gebrauchst lahme Ausreden. Was anderes sind Juwelen als farbige Steine? Steine, die ohne ihre Farben nichts als gewöhnliche Kiesel wären. Und doch lässt die Liebe zu ihnen dein Herz hart sein. Wer den Duft besitzt, der sucht nicht nach der Farbe. Wer die Essenz hat, gibt sie nicht für den Glanz äußeren Scheins auf. Du, der du selbst die Farben aller Steine hast, suche nach dem wahren Edelstein! Nach dem reinen und fehlerlosen Juwel und gib dich nicht länger mit Kieseln ab!«

Da schaute das Steinhuhn betroffen vor sich hin und begann ernsthaft nachzudenken.

Viele Vögel traten noch vor die Versammlung, stellten sich kurz vor und erzählten von ihren Gedanken und Bedenken. Einer der Letzten war der stolze Lämmergeier, der sagenumwobene Schattenspender, dessen Schatten den Königen Macht und Pracht bringt. Deshalb gab man ihm den Namen Humayun, der Glücksbringer, auch wenn er zugleich als der größte Raubvogel der Alten Welt galt.

»O ihr Vögel des Wassers, des Landes und der Luft«, sagte er, »ich bin nicht wie ihr! Was mich von euch unterscheidet ist mein Ehrgeiz. Auch von den anderen Lebewesen dieser Erde habe ich mich abgesondert. Mir, dessen Schatten Menschen zu Königen erhebt, behagen keine Wesen, die die Art von Bettlern haben. Indem ich dem Hund meiner Begierde einen Knochen vorwerfe, gelingt es mir, meinen Geist vor ihm in Sicherheit zu bringen. Und wer suchte nicht Zuflucht unter meinen Flügeln! Was soll mir, der ich selbst königliche Macht besitze, die Freundschaft des Simurgh?«

Der Wiedehopf erwiderte ihm mit einem strengen Wort: »O Sklave des Hochmuts!«, sagte er. »In diesem Augenblick bist du weit davon entfernt, Königen Macht zu verleihen! Eher gleichst du dem Hund, der mit einem Knochen beschäftigt ist. Doch selbst wenn du mit deinem Schatten Herrscher auf den Thron erhebst, so beraubt sie doch die Zeit bald schon wieder ihrer Königswürde. Und wenn ihnen zur Zeit ihrer Herrschaft gar ein Missgeschick unterläuft, wie sehr werden sie wünschen, deinen Schatten nie gekannt zu haben, stünde ihnen am Jüngsten Tag nur nicht solch schreckliche Abrechnung bevor!«

Nachdem jeder Vogel an die Reihe gekommen war, war es am Wiedehopf, das Schlusswort der Konferenz zu sprechen. Das Gehörte zusammenfassend sprach er:

»O ihr Vögel, die ihr nicht nach Höherem strebt! Wie soll die Fülle der Liebe in einem Herzen keimen, dem es an Empfindsamkeit fehlt? Es scheint euch Freude zu bereiten, um den wahren Grund eurer Ablehnung herumzureden. Doch dies führt zu nichts. Wer liebt, macht sich mit offenen Augen auf zu seinem Ziel und achtet sein Leben so gering wie ein Spielzeug!

O ihr Vögel, lasst mich euch vom Simurgh erzählen! Als er sich einst zeigte, strahlend wie die Sonne und ohne jeden Schleier, warf er Tausende von Schatten auf die Erde. Und als sein Blick auf diese Schatten fiel, tauchten große

Vogelscharen daraus auf. So kommt es, dass all die verschiedenen Vogelarten, die es auf dieser Welt gibt, nur der Schatten des Simurgh sind. Alles, was sein Schatten erzeugt, wird sichtbar. Hätte sich der Simurgh nicht zeigen wollen, hätte er seinen Schatten nicht geworfen. Hätte er gewünscht, im Verborgenen zu bleiben, wäre sein Schatten nicht auf der Welt erschienen.

Wenn ihr das begreift, o ihr Unwissenden, werdet ihr auch verstehen, welches Band zwischen euch und dem Simurgh besteht. Denkt über dieses Geheimnis nach, auch wenn es euch nicht gelingen wird, es zu enthüllen. Denn wer dieses Wissen erlangt, der versinkt in der Unermesslichkeit des Simurgh. Zwar kann kein Auge seine Schönheit fassen, doch in der Fülle seiner Gnade gab er uns einen Spiegel, der ihn widerspiegelt. Schaut in euer Herz hinein, dort werdet ihr sein Bild sehen. Doch ihr müsst vorbereitet sein. Wenn euer Geist nicht darauf vorbereitet ist, den Simurgh zu sehen, wird euer Herz kein blanker Spiegel sein.«

Da lebte ihre Sehnsucht, allem zu entsagen, wieder auf und sie sprachen sich gegenseitig Mut zu. Aber die Aufgabe, die sie vor sich hatten, war schwer und der Weg weit. Doch ergriffen von den Worten des Wiedehopfs beschlossen die Vögel, sich nun auf den Weg zu machen. Doch wer sollte sie anführen?

Da sagte einer: »Auf wen das Los fällt, der soll unser Anführer sein; er wird der Große unter den Kleinen sein!«

Das Los, das mit gebührender Feierlichkeit gezogen wurde, fiel auf den beherzten Wiedehopf. Die Wahl wurde einstimmig angenommen. Sie gelobten, dem Wiedehopf unter allen Umständen zu gehorchen, selbst wenn sie dabei ihr Leben aufs Spiel setzen müssten, und versprachen, weder Seele noch Körper zu schonen. Der Wiedehopf trat vor, und sie setzten ihm eine Krone auf.

Dann versammelten sich alle Vögel an einem Ort, um die Reise gemeinsam anzutreten. So groß waren die Vogelscharen, die mitflogen, dass sie den Mond und den Fisch verbargen. Während ihrer Reise war ihnen der Wiedehopf ein getreuer Begleiter, geduldig, aufrecht und tröstlich stand er ihnen zur Seite. Schier unermüdlich gab er ihnen Antwort.

So wollte ein Vogel wissen: »Sage mir, o Führer auf dem Weg, worum soll ich den Simurgh denn bitten, wenn ich an seinem Hofe angekommen bin? Wenn ich vor dem Thron dessen stehe, dessen Licht die Welt erleuchtet, werde ich stumm sein. Es sei denn, ich wüsste, um was man Ihn am besten bitten sollte, dann wäre mir leichter ums Herz!«

Der Wiedehopf entgegnete: »Was! Du weißt nicht, worum du ihn bitten sollst? O du Dummkopf! Bitte ihn um das, was du dir am meisten wünschst! Soll etwa Er dir sagen, was du möchtest? Man muss schon wissen, worum man bitten möchte, auch wenn der Simurgh wohl am besten weiß, was du dir wünschen solltest!«

Allmählich begriffen die Vögel, wie außerordentlich beschwerlich und lang dieser Weg sein würde. Jahr um Jahr verging und ein großer Teil ihres Lebens floss auf dieser Reise dahin. Ihr Weg führte sie über Berge und durch sieben Täler. Sie durchquerten das Tal der Suche, das Tal der Liebe, das Tal der Erkenntnis, das Tal der Selbständigkeit und Loslösung, das Tal der Einheit, das Tal der Verwirrung und Verwunderung, das Tal der Entbehrungen und des Todes.

Viele starben unterwegs. Manche hatten ihr Leben im Ozean verloren, andere waren auf den Gipfeln der hohen Berge umgekommen, wieder andere vor Erschöpfung gestorben, verdurstet oder verhungert. Manchen hatte die Sonne die Flügel verbrannt oder sie waren wilden Tieren zur Beute gefallen. Andere wieder waren durch die Leiden und Anstrengungen der Reise verrückt geworden oder vor Schwäche auf dem Weg zurückgeblieben.

So kam es, dass von all den Tausenden Vögeln, die sich auf den Weg gemacht hatten, nur dreißig das Ziel ihrer Reise erreichten. Ziemlich verwirrt, erschöpft und niedergeschlagen, zerfleddert und zerrupft, nur noch Federn und Knochen, so standen sie, als der Tag gekommen war, an der Tür des Königs.

Ein Bediensteter öffnete und musterte sie prüfend. »Wir sind gekommen, um unserem König, dem Simurgh, unsere Aufwartung zu machen«, sagten sie. Er öffnete das Tor, ließ sie ein und geleitete sie in den Thronsaal. Sie ließen sich nieder. Sie alle hatten auf ihrer Reise ihren inneren Frieden erlangt und wie sie dort so saßen, zur Ruhe kamen und sich besannen, erkannten sie den Simurgh.

Ihre Seelen erglänzten in der Sonne Seiner Majestät und als sie sich untereinander anblickten, da sahen diese dreißig Vögel (*si-murgh* bedeutet ›dreißig Vögel‹) der äußeren, sichtbaren Welt den Simurgh der inneren, unsichtbaren Welt. Sie erkannten, dass sie der Simurgh waren und der Simurgh die dreißig Vögel war. Und wie sie sich in seine Betrachtung versenkten, da sahen sie, dass sie ihn in Wirklichkeit vor sich hatten; und wie sie ihre Blicke auf sich selbst richteten, da sahen sie, dass sie selbst der Simurgh waren. Und als sie beide gleichzeitig wahrnahmen – sich selbst und ihn – wurde ihnen gewiss, dass sie und der Simurgh ein und dasselbe Wesen bildeten.

Es war verwirrend. Sie versenkten sich in Kontemplation und, ohne ihre Zunge zu gebrauchen, baten sie den Simurgh um die Lösung dieses großen Geheimnisses der Einheit. Und ebenso wortlos kam die Antwort in ihren Herzen: »Die Sonne meiner Majestät ist ein Spiegel und wer sich darinnen sieht, sieht seine Seele und seinen Körper – sieht sich vollständig. Da ihr als dreißig Vögel, *simurgh*, gekommen seid, werdet ihr dreißig Vögel in diesem Spiegel erblicken. Und doch bin ich mehr als dreißig Vögel – ich, die Essenz des wahren Simurgh!«

Da verlor sich der Schatten der dreißig Vögel in der Sonne, und damit ist alles gesagt.

(Fariduddin Attar, Mantiq at-Ta'ir)

5. Die Feder des Simurgh

Hört und staunt: Das erste Zeichen des Simurgh wurde in China entdeckt! Es geschah in der Mitte der Nacht, dass eine seiner Federn auf China fiel. Von dort drang sein Ruhm um die Welt. Seither machte sich jeder sein eigenes Bild von dieser Feder und leitete daraus eine eigene Vorstellungswelt ab. So entstand große Verwirrung.

Die Feder wird noch immer in der Bildergalerie dieses Landes aufbewahrt. Daher stammt die Redensart: Suche nach Erkenntnis, und wenn du bis nach China gehen müsstest.

Die Feder ist eine Offenbarung, ein Zeichen seiner Existenz. Und jede Seele trägt einen Abdruck (*naqsh*) seiner Feder. Mehr über diese Feder zu sagen, erübrigt sich.

(Fariduddin Attar, Mantiq at-Ta'ir)

6. Der Phönix

Der Phönix ist ein wunderschöner Vogel, der in Hindustan beheimatet ist. Er lebt tausend Lebensjahre, die er allein und ohne Gefährtin verbringt. Sein Schnabel ist sehr lang und hart und mit fast hundert Löchern perforiert wie eine

Flöte. Jedes dieser Löcher sendet einen Ton aus, und jeder Ton birgt ein besonderes Geheimnis. Die Vögel und Fische, die seinen süßen, klagenden Tönen lauschen, werden in heftige Erregung versetzt, und selbst die wildesten Tiere geraten in Verzückung. Es war ein Philosoph, der einst diesen Vogel besuchte und von ihm die Wissenschaft der Musik erlernte.

Der Phönix kennt den genauen Tag seines Todes und wenn seine Zeit kommt, trägt er einen Haufen Palmwedel zusammen, lässt sich darauf nieder und stößt klagende Rufe aus. Aus den Öffnungen in seinem Schnabel tönt eine Melodie, die aus den Tiefen seines Herzens aufsteigt. Er zittert wie ein Blatt im Winde und sein Wehklagen zieht Vögel und wilde Tiere an, die diesem Schauspiel beiwohnen. Viele sterben beim Zusehen, weil ihre Kraft sie verlässt.

Solange der Phönix noch atmen kann, schlägt er mit den Flügeln und sträubt seine Federn, wodurch er Feuer erzeugt. Dieses Feuer springt auf die Palmwedel über, und bald sind Blattwerk und Vogel nur noch Glut und Asche. Jedoch – mit dem letzten Funken, der erlischt, erhebt sich ein neuer kleiner Phönix aus der Asche....

(Fariduddin Attar, Mantiq at-Ta'ir)

7. Der sagenhafte Huma-Vogel

Vom Huma-Vogel heißt es, dass er sich niemals auf der Erde niederlässt, aber in alle Erdenregionen reist und den Eingeweihten Kunde davon bringt, was in jedem Land vor sich geht. Einen Teil seiner Informationen erhält er von den *Divs*[27]. Da er keine der menschlichen Sprachen spricht, muss man, um seine Botschaft zu verstehen, die Sprache der Vögel beherrschen, so wie Suleiman es tat.

Auf seinen Reisen um die Welt lässt sich der Huma von den Winden tragen. In Persien haben die großen Häuser der Reichen hohe Türme, die den Wind fangen, damit er die darunter liegenden Räume während der brütenden Sommerhitze kühlt. An günstigen Tagen lassen die guten Divs die Winde blasen – wenn sie nicht gerade vom Huma auf seiner Reise benötigt werden.

Der weitgereiste Huma, der mindestens so alt sein soll wie die Menschheit, kennt den Ort, an dem sich die Quelle des Lebens befindet. Diese Quelle, die von Magiern, Dschinnen und Divs behütet wird, soll sich in den Bergen Persiens befinden. Seit es Menschen gibt, haben immer wieder Mutige wie Iskander (Alexander der Große), nach dieser Quelle gesucht. Die meisten, die sie gefunden haben, sollen nie zurückgekehrt sein, denn entweder wurden sie getötet, ehe sie davon trinken konnten, oder aber sie tranken davon und wurden zu reinen Wesen verwandelt, die nichts mehr in ihre Heimat zurückzog.

(Persische Legende)

8. Die Mission des Wiedehopfs

Der Vogel, nach dem der Prophet Suleiman suchte,
verdient eine Krone.
Dem Papagei schenkte Er ein goldenes Halsband,
und den Wiedehopf erkor Er zum Verkünder des Weges.
(Fariduddin Attar, Mantiq at-Ta'ir)

Von Suleiman hieß es, dass er die Sprachen der Menschen, die Sprache der Tiere, der Dschinnen[28], ja aller geschaffenen Kreatur sprach.

Doch es waren nicht nur die Sprachen. Stets war er hocherfreut, wenn man ihm Nachricht von entfernten Orten und Ländern brachte oder von Dingen, von denen er noch nie zuvor gehört hatte. Er war bestrebt, teilzuhaben an dem speziellen Wissen, das einer jeden Kreatur zu eigen ist. Dies erfordert eine überaus hohe Beobachtungsgabe und viel Aufmerksamkeit. Und wie aufmerksam Suleiman war! Stets war er sich bewusst, wer von seinem Gefolge, ob Mensch, Tier oder Dschinn, sich gerade an welchem Ort aufhielt, wer anwesend war und wer nicht.

Er war ein guter König. Mächtig und weise, aber auch streng; er forderte unbedingten Gehorsam. Seine Armeen und Streitkräfte, zu denen die Heere der Menschen, der Tiere und Vögel, sowie der Dschinnen zählten, waren wohl organisiert, und ein jeder kannte seinen Platz der Hierarchie nach. Seine Kavallerie umfasste zwölftausend Pferde und vierhundert Streitwagen.

Die Vögel dienten ihm als Späher und Botschafter. Er pflegte sie in weit entfernte Länder und auf die Gipfel der höchsten Berge zu senden, damit sie ihm Kunde brachten. Zu diesen Vögeln gehörte auch der Wiedehopf, *hudhud* auf Arabisch[29], der sooft wie möglich die Nähe des Königs suchte.

Der Wiedehopf ist ein Vogel von edler Gestalt mit elegantem hellbraunen Gefieder, Flügel und Schwanz sind schwarzweiß gebändert und auf dem Haupt trägt er eine wundervolle gelbe Haube, die ihm ein wahrlich königliches Aussehen verleiht.

»Und verdient nicht der Vogel, nach dem der Prophet Suleiman suchte, eine Krone?«, fragt Fariduddin Attar, der auch berichtet, dass der Wiedehopf ein Zeichen auf seinem Schnabel trägt, das den Namen Gottes – *bismillah* – zeigt, weshalb er um viele verborgene Dinge wissen muss.

Zu den verborgeneren Gaben zählt seine überaus hohe Beobachtungsgabe. Seine Sicht ist so ungetrübt, dass er süße Wasser findet, die tief unter der Erde fließen. So klar, als sähe er durch Kristall, weiß er die süßen von den bitteren Wassern zu unterscheiden.

Eines Tages geschah nun, dass Suleiman die Vögel zur Musterung berief und der Wiedehopf sich das Missfallen des Königs zuzog: »Warum sehe ich den Wiedehopf nicht? Ist er etwa unter den Abwesenden? Mit Sicherheit werde ich ihn schwer bestrafen oder töten lassen, es sei denn, er bringt mir einen einleuchtenden Grund für seine Abwesenheit!« *(Qur'an 23:20–21)*, sprach Suleiman.

Der Wiedehopf aber hatte sich nur leicht verspätet. Bald nachdem der König nach ihm gefragt hatte, kam er auch schon angeflogen und ließ sich unverzüglich zu Füßen des Thrones nieder.

»Was ist es gewesen, dass dich hat abhalten können, dem Ruf deines Königs unverzüglich Folge zu leisten?«, befragte ihn Suleiman streng.

»Weit bin ich in einem Reich herumgekommen, das du noch nicht umfasst hast. Von Sa'aba komme ich mit einer Kunde zu dir, die wahr ist«, *(Qur'an 27:22)* gab der Wiedehopf zur Antwort. »Ich fand dort eine Frau über sie regieren. Und sie ist versorgt mit allem Erforderlichen und hat einen prachtvollen Thron! Ihr Land ist ein fruchtbares Land mit ausgedehnten Zypressenwäldern« *(Qur'an 27:22–23)*, begann der Wiedehopf seinen Bericht aus dem Jemen[30] und fuhr fort: »In ihrem Land sah ich Gewürze, Juwelen, Gold und Silber im Überfluss und sie fördert und pflegt die Wissenschaften und schönen Künste. Es ist ein freundliches und aufrichtiges Volk. Jedoch beten sie und ihre Königin die Sonne, den Mond und die Gestirne an![31]

Ihr Blick ist getrübt, so dass sie zufrieden sind mit ihren Errungenschaften und nicht nach mehr, nach Höherem, nach Göttlichem streben. Wie sollen sie auf diese Weise den Weg finden? Wie sollen sie erkennen, dass hinter den Gestirnen, zu denen sie beten, Gott es ist, der sie erstrahlen lässt und der ans Licht bringt, was verborgen ist in den Himmeln und auf Erden!« So schloss der Wiedehopf seinen Bericht und fügte noch hinzu: »Gibt es doch keinen Gott als Ihn, den Herrn des höchsten Thrones!« *(Qur'an 27:34–35)*

Der Bericht seines Kundschafters hatte durchaus das Interesse des Königs geweckt, nur – leichtgläubig war er mit Sicherheit nicht. Vielleicht wollte er seinen Kundschafter auch auf die Probe stellen, ob er nicht doch hier und da etwas übertrieben hatte. So fiel seine Erwiderung auf den Wiedehopf noch immer in strengem Ton aus: »Schon bald werden wir sehen, ob du die Wahrheit gesprochen oder gelogen hast!« *(Qur'an 27:27)* Mit diesen Worten reichte ihm Suleiman einen Brief und wies ihn an, diesen der Königin zu überbringen.

Der Wiedehopf tat, wie ihm geheißen. Unverzüglich flog er zurück nach Sa'aba, zu den Gemächern der Königin, und ließ den Brief an einem Ort fallen, an dem sie ihn sicher finden würde. Unbemerkt wartete der Vogel gehorsam darauf, wie sie wohl antworten würde, um es dann seinem Herrn zuzutragen.

Als die Königin den Brief fand, rief sie unverzüglich die Versammlung ihres Rates ein. Sobald alle Stammesfürsten, Weisen und Ältesten ihres Reiches versammelt waren, sprach sie: »Ihr Stammesfürsten! Hier ist ein Brief, der mir überbracht wurde und der Respekt verdient. Er ist von König Suleiman und lautet folgendermaßen: ›Seid nicht arrogant mir gegenüber, sondern kommt zu mir in Ergebenheit!‹« *(Qur'an 27:30–31)*

Die kluge Königin Bilqis genoß das Vertrauen ihrer Untergebenen. Sie war eine von ihrem Volk geliebte und geehrte Herrscherin, der auch die Stammesfürsten und Weisen mit Respekt begegneten. Sie pflegte keine Beschlüsse zu fassen, ohne ihren Rat befragt zu haben. Ihr Rat wiederum zögerte nie, ihren Befehlen bereitwillig nachzukommen. Ihr Volk war ihr mit Stolz und Tapferkeit ergeben, jederzeit bereit, das Land gegen Eindringlinge zu verteidigen. Und so fuhr die Königin, an ihre Ratsversammlung gewandt, fort: »Ihr Stammesfürsten, gebt mir einen Rat in dieser Angelegenheit! Habe ich doch bisher über keine Angelegenheit beschlossen, es sei denn in eurer Anwesenheit!« *(Qur'an 27:32)*

Darauf erwiderte ihr der versammelte Rat: »Wir sind stark genug und einem heftigen Krieg nicht abgeneigt – die Befehlsgewalt aber obliegt euch. So erwägt, was ihr befehlen werdet!« *(Qur'an 27:33)*

Die Königin aber war nicht erpicht auf Krieg. Sie setzte lieber auf Politik und Diplomatie, worin sie wohlbewandert war. Zudem hatten Suleimans knappe Zeilen, die so viel sagten, ihre Neugier geweckt. Ein Eroberer, der nicht gewaltsam vorging, sondern einen Brief sandte? Und diesen noch dazu auf geheimnisvolle Weise von unsichtbaren Boten überbringen ließ! Da war etwas, das sie unruhig machte; etwas, das sie anzog...

Es war nicht wirklich ein Beschluss, den sie fasste, auch schmiedete sie keinen Plan. Nein, es war eher so, dass sie einfach wusste, was zu tun war. Und sie wusste es auf eine Weise, die sie sicher machte, dass sie das Richtige tat – für ihr Volk und für sich.

Mit ruhigen Worten, fast ein Lächeln auf den Lippen, sagte sie zu ihrem Rat gewandt: »Wenn Könige in ein Land eindringen, lassen sie es plündern und die Edelsten seines Volkes machen sie zu seinen Niedrigsten. Aber ich werde ihm ein Geschenk senden und abwarten, mit welcher Antwort meine Botschafter zurückkehren werden!« *(Qur'an 27:34–35)*

Es waren großzügige und kostbare, eines Königs wahrhaft würdige Geschenke, die die kluge Bilqis ihren Botschaftern mit auf den Weg nach Jerusalem gab. Suleiman empfing die Gesandtschaft, die Geschenke jedoch würdigte er keines Blickes.

Es war eine friedfertige und versöhnliche Geste einer umsichtigen und stolzen Königin und keine Kriegsansage. Und doch war es weit entfernt von der Unterwerfung, die er gefordert hatte. Dementsprechend ungehalten fiel seine Antwort aus: »Meint ihr etwa, ihr könntet meinen Reichtum mehren? Gott gab mir irdische Güter im Übermaß. Womit er mich jedoch wirklich segnete, ist viel, viel mehr als das!« Und er fügte noch hinzu: »Euer Geschenk dient nur euch zur Freude!« *(Qur'an 27:37)*

Die Botschafter waren brüskiert und in ihrer Ehre gekränkt. Jedoch brauchten sie sich nicht groß umsehen – weder in dem über alle Maßen prunkvollen Thronsaal des Königs, in den sie durch wundervolle Gärten, Höfe und nicht enden wollende reich ausgeschmückte Flure geleitet worden waren, noch brauchten sie auf die Gewänder der Höflinge oder Suleimans Thron, die kunstvollen Mosaike der Böden oder die reich verzierten Deckengewölbe des Saales zu blicken – worauf ihr Blick auch fiel, alles und jedes zeugte bis ins kleinste Detail von dem unermesslichen Reichtum Suleimans.

Ein seltsamer König, der über solchen Reichtum verfügte und ihn zugleich so gering schätzte, dass er ihre wertvollen Geschenke zurückwies, die doch kostbar genug waren, um an diesem Ort nicht zu verblassen! Suleiman jedoch war mit seiner Rede noch nicht fertig: »Kehrt zurück zu eurem Volk, und seid versichert, dass wir mit einer solchen Heeresmacht, die ihr niemals werdet besiegen können, in euer Land einfallen werden. Wir werden euch aus eurem eigenen Land vertreiben! Entehrt werdet ihr dann sein und erniedrigt!«[32] Mit diesen Worten entließ er sie.

Verunsichert, beeindruckt und außerordentlich besorgt wegen Suleimans Drohung kehrten sie zu ihrer Königin zurück. Und Suleiman? War nicht längst sein Interesse an dieser außerordentlichen Frau geweckt? Suleiman hatte viele Frauen. An die tausend sollen es gewesen sein, so erzählt man, und unter ihnen Schönheiten und Berühmtheiten, ja sogar eine Tochter des Pharao, dem König vom Lande der Magie[33]. Auch durch sie seien dem König von Israel gewisse Geheimnisse offenbart worden, so heißt es.

Aber Suleiman ging es nicht alleine darum, die Königin für sich zu gewinnen. Würde es ihm gelingen, das Volk von Sa'aba auf friedlichem Wege dazu zu bewegen, den Glauben an den einen Gott anzunehmen? Wie schon sein Vater David so achtete auch Suleiman stets aufs Sorgsamste darauf, dass sich nicht das Geringste eigennützige Motiv mit seinen spirituellen Tugenden vermischte. So führte er nie Krieg aus Eigennutz oder etwa aus Lust am Kampf oder aus Freude am Erobern, sondern stets im Dienste einer gerechten Sache.

So harsch und unerbittlich er auch mit ihren Leuten gesprochen hatte, der Königin gegenüber schlug Suleiman andere Töne an – und sie kam tatsächlich an seinen Hof! So gewiss war er sich, dass seine Rechnung aufgehen würde, dass er unmittelbar nach der Abreise der Gesandtschaft von Sa'aba – seine Gefolgschaft war noch im Audienzsall versammelt – zu den versammelten Menschen, Tieren, Vögeln und Dschinnen gewandt, sagte: »Wer von euch Stammesfürsten und Anführer kann mir den Thron der Königin von Sa'aba bringen – noch ehe die Sabäer hier eintreffen, um sich zu unterwerfen?«

Da erbot sich unter den Dschinnen ein Ifrit und brüstete sich: »Ich werde ihn dir hierher gebracht haben, noch ehe du die Ratsversammlung beendet hast! Ich habe die Kraft dazu und du kannst auf mich zählen!« Ein Ifrit ist ein großer, mächtiger Dschinn, verschlagen und mit niederträchtigem Charakter, aber ständig darauf bedacht zu betonen, dass man ihm durchaus vertrauen könne.

Da sagte einer von jenen, die Kenntnis haben vom Buch Gottes: »Ich werde ihn dir in einem Augenblinzeln herbeiholen!« *(Qur'an 27:40)* Asaf, der Wesir Suleimans soll es gewesen sein. Suleiman willigte ein und so geschah es.

»*Ya Karim* – der Freigebige[34]«, sagte Suleiman und dankte Allah, denn Allah hatte ihn auf die Probe gestellt und er hatte den Test bestanden. Denn wäre es ihm darum gegangen, sich Bilqis Thron anzueignen, die fremde Königin und ihr Volk unter seine Herrschaft zu bringen und so seine weltliche Macht und seinen Ruhm zu mehren, so hätte die primitive Kraft des Dschinnen durchaus genügt, den Thron herbeizuschaffen.

Suleiman aber ging es um mehr, denn er handelte aus einer tiefen spirituellen Liebe in seinem Herzen. Er wollte das Beste, das Allerbeste für Bilqis und ihr Volk. Der Thron eines Königs steht für seine Macht und seine Würde. Was Bilqis Thron anbelangte, so war dieser auf Weltlich-Materiellem gegründet und Suleiman ging es darum, dass er transformiert würde in einen Thron, der auf wirklichem und tiefem inneren Wissen fußte – auf spirituellem Wissen und auf dem Wissen des Herzens.

Somit war Suleimans Entscheidung, sich ihren Thron mittels spiritueller Macht holen zu lassen, die bessere Wahl und er konnte Gott seine Dankbarkeit bezeugen, indem er die Möglichkeiten, die Gott ihm gegeben hatte, zum Besten nutzte.

Und Bilqis? Ahnte sie von all dem?

Sie sollte mit ihrem eigenen Thron auf die Probe gestellt werden. »Verwandle ihren Thron, so dass er ihr unkenntlich ist«, befahl Suleiman jenem, der den Thron herbeigeschafft hatte. Und so geschah es. Er ließ den Thron so verändern, wie es sich für den Thron einer Königin ziemt, die dem rechten Weg folgt.

Würde Bilqis in der Lage sein, die Wahrheit zu erkennen?

Als sie schließlich mit ihrem Gefolge in Jerusalem ankam, empfing Suleiman sie mit allen Ehren, wie es unter Königen Brauch ist. Dann führte er sie vor ihren verwandelten Thron und fragte: »Ist dies dein Thron?« *(Qur'an 27:42)*

Die kluge und wunderschöne Bilqis bestand den Test. Da gab es nichts groß zu bedenken. »Mein Thron war fast genau so wie dieser!« *(Qur'an 27:42)*, sprach sie. Natürlich war es ihr Thron, wie sollte sie ihn da nicht erkennen, aber da war auch noch etwas anderes... und sie verstand. Daher war es ihr ein Leichtes, sich dem einen Gott zuzuwenden, dessen Prophet Suleiman war.

Er lud sie ein, ihm in seinen prächtigen Palast zu folgen. Kaum dass sie den Palast betreten hatte, gelangte sie in einen Raum, auf dessen Boden das Licht funkelte und schimmerte, so dass sie dachte, es sei Wasser. Da schürzte sie ihre Gewänder, so dass ihre bloßen Beine zu sehen waren, denn sie meinte, sie müsse nun durchs Wasser waten.

Da sagte Suleiman: »Es ist nur Glas! Dieser Palastboden ist aus gläsernem Pflaster.«

Bilqis war verwirrt. Sie erkannte, dass es da wohl einiges gab, das sie durcheinander brachte. Und so gelang es Suleiman, sie derart zu verwirren, dass sie, indem sie ihre Verwirrung erkannte, wie ein Kristall ganz und gar klar wurde.

Am Tage des Aufbruchs sattelten sie nicht die erwachsenen
  rötlich-weißen Kamele,
ehe sie nicht die Pfauen hatten aufsitzen lassen.
Pfauen mit Mörderblicken und Königsmacht:
Du würdest meinen, ein jeder von ihnen sei eine Bilqis
  auf ihrem Thron aus Perlen.
Wenn sie über das gläserne Pflaster schreitet,
siehst du eine Sonne am Himmelsrund in Idries Brust.
Wenn sie mit ihren Blicken tötet, bringt ihre Sprache das
  Leben zurück,
ganz so als wäre sie der Leben spendende Jesus.

(Ibn 'Arabi, Tarjuman al-Ashwaq)

Da kein Blatt fällt, ohne dass Er es will *(Qur'an 27:16),*
so lässt sich unschwer folgern, dass auch die Tiere Seinem
  Plan dienen. Alle Tiere haben ihre eigene Sprache, so
  auch die Vögel, deren Sprache Suleiman *(Qur'an 27:16)*
  beherrschte.

9. Die Nachtigall

Sei gegrüßt, o Nachtigall des Gartens der Liebe! Aus vollem Herzen und so schmerzlich süß wie das Klagen der
Flöte singst du Melodien, wie sie nur die Wunden der Liebe eingeben können.

Dein Gesang versetzt die Herzen der Liebenden in Aufregung. Öffne weit deine Kehle und singe wie David. Singe wie er vom spirituellen Wissen des Herzens und wie er
zeige mit deinen Liedern den Menschen den rechten Weg.

Lass das Eisen unserer Herzen weich werden wie Wachs,
lass uns glühend werden wie David, der Gott liebte!

(Fariduddin Attar, Mantiq at-Ta'ir)

10. Nachtigall und Rose

Es war zu der Zeit, als Allah die Namen vergab. Damals war die Rose weiß. Als die Nachtigall den Namen der Rose, »Königin der Blumen«, vernahm, da wurde sie von heftiger Liebe ergriffen. Voll Ungestüm flog sie zur Rose, sie zu umarmen und ihr nahe zu sein. Die Dornen der Rose bohrten sich in ihr Herz und ihr Blut färbte von nun an die Rosen rot. *(Persische Überlieferung)*

11. Das Gefühl der Nachtigall

Auch wenn du die Stimmen der Vögel rühmst und singst
    wie sie, kannst du ihr Inneres nicht erkennen.
Auch wenn du den Gesang der Nachtigall nachahmst,
ihre Gefühle für die Rose kannst du nicht kennen.
Selbst wenn du sie kennst, dann nur mittels Vergleich und
    Vermutung.
Wisse: Dies gleicht den Vermutungen eines Schwerhörigen über die Bewegungen der Lippen. *(Masnavi, Vers 3370)*

12. Nachtigall und Eule

Hast du eine Nachricht, die Schmerz verursachen wird,
    so bewahre Stillschweigen,
auf dass ein anderer sie überbringen möge:

Bulbul (die Nachtigall) bringt frohe Nachricht von des
    Frühlings Ankunft,
schlechte Kunde lass die Eule bringen!

(Saadi, Gulistan VIII, 27)

13. Allegorie vom Pfau

Kostbar und elegant ist sein Federkleid durch die herrlich schimmernden, sich stets verändernden Farben. Und doch ist er ein unglückseliger Vogel, der sich seiner hässlichen Füße schämt. Zu Recht. Denn er war es, der sich von Iblis hatte überreden lassen, ihm als Führer im Paradies zu dienen. Kannte er doch all die verschlungenen Wege, auf denen er zwischen den kleinen Flüssen, den Wiesen und Obstgärten alle Tage so lustvoll einherstolzierte.

Ahnte er auch nichts von Iblis bösem Plan, so hätte er ihm, dem gefallenen Engel, trotzdem keinesfalls eine Gefälligkeit, auch keine noch so geringe erweisen dürfen, wie ihm den Weg zur Schlange zu weisen!

Nun, Gott verbannte ihn aus dem Garten Eden – gemeinsam mit Adam, Eva, Iblis und der Schlange.

Sein paradiesisches Gefieder, dessen Farben in tausendundeiner Farbe schimmerten und das in seiner Schönheit an das Glück im Garten Eden erinnert, ließ er dem Pfau. Als quäle ihn diese Erinnerung nicht schon genug – wie man an seinen Schreien hört –, gab Er ihm die allerhässlichsten Füße, so dass er jedesmal, wenn er seinen Blick niederschlägt, an seinen Verrat erinnert wird.

(Muqaddisi)

14. Pfau und Schlange

»Vergangene Nacht im Garten der Vereinigung
putzte ich mich heraus – einem stolzen Pfauen gleich.
Heute nun krümme ich mich
wegen der Trennung von dem Freund, einer Schlange
    gleich.«   *(Masnavi III)*

15. Die Verbannung von Pfau und Schlange

Als Adam nach seiner Verbannung aus dem Garten Eden auf die Erde kam, langte er auf dem Gipfel des Serendib, einem hohen Berg in Sri Lanka, an, seine Frau Hawwa kam unweit von Jiddah, einer Hafenstadt am Roten Meer, an.

Zusammen mit Adam und Hawwa waren auch der Feigenbaum, die Schlange, der Pfau und der Teufel hinab auf die Erde verbannt worden.

Die Stimme des Pfaus, die im Paradies überaus lieblich geklungen hatte, war zu einem elenden Krächzen geworden, und die Schlange, die im Paradies auf zwei hohen Beinen einherstolzierte und sogar zwei reizende Flügel besaß, musste von nun an bäuchlings über die Erde kriechen.

(Türkische Volkserzählung)

16. Die Pfauenfeder

Ich sah eine Pfauenfeder
zwischen den Seiten des Qur'an und sagte:
»Dein Platz hier ist dreist!«
»Still!«, erwiderte sie. »Wer Schönheit besitzt,
wird überall mit offenen Armen empfangen!«

(Saadi, Gulistan III, 27)

17. Der Pfau

»Als das Licht manifestiert war und zum ersten Mal das Selbst im Spiegel sah, sah es das Selbst als Pfau, der sein Rad aufrichtet«, heißt es in einer traditionellen Geschichte.

18. Allegorie vom Falken

Getreu erfülle ich die Gesetze des Schweigens. Als verdienstvoll gilt mir die Beherrschung meiner Zunge. Die Falknerkappe verhüllt das Spektakel der Welt vor meinen Augen. Mein Bestreben ist es, mir das edle Betragen der Fürsten anzueignen.

Mein Herr, der mich aus der Wüste holte und in ein fernes Land brachte, bedeckt meine Augen mit einer Kappe, bis ich das für die Jagd Erforderliche erlernt habe und es zu einer Fertigkeit darin gebracht habe. Dann aber werden Könige zu meinen Dienern, und meine Füße ruhen auf ihrem Handgelenk.

Wird meine Fessel gelöst, gibt man mir ehe ich mich von der Hand des Königs in die Luft erhebe, das Signal »Und wir sandten dich!« *(Qur'an)* Und so bin ich stets bereit, auf das leiseste Zeichen meines Herrn hin zu Ihm, der mich sandte, zurückzukehren!   *(Al-Muqaddisi)*

19. Der Flug des Falken

Falkengleich[35] schoss ich aus meiner Welt hervor,
aus dem Verborgenen höher und höher fliegend,
aber da war kein Weiser, mich mit der Wahrheit zu
     empfangen,
so tauchte ich hinab, zurück durch die gleiche,
     enge Pforte.   *(Omar Khayaam, Rubaiyyat, Vers 29)*

20. Die Bestimmung des Falken

Der Falke geht in die Falle, weil er Nahrung sucht.
Doch dann findet er den Arm und die Hand des Königs
– und damit Reichtum und Glück. *(Masnavi, Vers 2803)*

21. Der erschöpfte Falke

Eines Tages entdeckte eine alte Frau einen erschöpften Falken, der sich auf ihrem Fenstersims niedergelassen hatte.

Noch nie zuvor hatte sie einen solchen Vogel gesehen. Sonst saßen auf ihrem Sims allenfalls gurrende Tauben.

»Du armer Kerl! Wie schaust du nur aus! Wer hat dich nur in einen solchen Zustand gebracht!«, rief sie aus, kürzte dem Falken kurzerhand Krallen und Schnabel und stutzte ihm die Flügel zurecht.

»Nun siehst du schon eher wie ein Vogel aus!«, sagte sie zufrieden.

Mit Nuh als Kapitän – was gäbe es da zu fürchten?

(Saadi)

22. Die Taube mit dem Ölbaumzweig

»Ich bin nicht verrückt. Das ist ein ernsthafter Rat, ich erfülle nur meinen Auftrag!« Nuh verteidigte sich wieder einmal vor seinem Volk. »Dient dem einen Gott! Ihr habt doch keinen andern!«, forderte er von ihnen, denn so wie sie lebten und handelten, damit würden sie sich selbst zerstören.

Tag um Tag stritten sie miteinander, redeten und redeten, und immer war es dasselbe. Es war »ein blindes Volk« *(Qur'an 7:64)* und so nützte es auch nichts, wenn Nuh sagte: »Ich bringe euch eine deutliche Warnung« *(Qur'an 11:25)*, denn die Stammesfürsten entgegneten ihm und der kleinen Schar seiner Getreuen: »Wir sehen in dir einen Unseresgleichen, nichts anderes. Weder sehen wir, dass dir andere folgen, als die Niedrigsten unter uns, deren Urteilsvermögen unreif ist, noch sehen wir in euch irgendeinen Vorzug vor uns. Nein, in Wahrheit denken wir, dass ihr Lügner seid!« *(Qur'an 11:27)* Man könnte sagen, dass es schließlich nur menschliche Schwächen waren, die sie zu solchen Äußerungen veranlassten. Nur leider waren diese bei Nuhs Volk in einem Ausmaß vertreten, dass die Menschen ganz und gar von ihren Schwächen beherrscht wurden, so dass sie nicht in der Lage waren, irgendetwas wahrzunehmen, das sich außerhalb ihres Rahmens bewegte.

Da war der Neid, der sie sagen ließ: »Du bist doch nicht besser als wir!« Doch dies bedeutete auch, dass sie spürten, dass »da etwas war«, etwas, das sie nicht wahrhaben wollten und ignorierten.

Es war Verachtung, die das Volk blind sein ließ, so dass die Stammesoberen Nuh empört fragten: »Verlangst du, dass wir uns nach sozial Schwachen richten? Schick sie fort, falls du etwas von uns willst!« Ganz so, als habe die soziale Stellung irgendeine Aussagekraft darüber, was im Herzen eines Menschen vor sich geht oder wie es mit seiner Spiritualität steht!

Nuh wusste, dass es eine Falle war. Denn selbst wenn er die Armen und Bedürftigen, die sich um ihn scharten, fortschickte, würden ihm die Reichen und Vornehmen, die sich, arrogant und eingebildet wie sie waren, für etwas Besseres hielten und meinten, über den anderen zu stehen, doch den Rücken kehren, denn sie meinten nicht ernst, was sie sagten. Die Armen, die auf ihn vertrauten, im Stich zu lassen, kam für ihn in keinem Fall in Betracht, darüber ließ er keinen Zweifel aufkommen.

»Wenn ich das täte«, sagte er, »wer wäre dann da, mir gegen Gott zu helfen!« *(Qur'an 11:30)*

»Es gibt ein klares Zeichen von meinem Herrn«, sagte Nuh, der bescheiden und aufrichtig blieb, »und Er sandte mir Barmherzigkeit aus Seiner Gegenwart, die euch aber verborgen geblieben ist! Sollen wir sie euch etwa aufzwingen, wo ihr sie verabscheut?« *(Qur'an 11:28)*

Was in aller Welt wollte Nuh? Sie konnten es sich nicht erklären. Irgendeinen verborgenen persönlichen Nutzen musste er doch von der ganzen Sache haben! Seine Absicht und seine Motive schienen ihnen unerklärlich, denn sie passten nicht in ihr Schema. So rätselten sie. Erwartete er am Ende Bezahlung für seine schönen Worte? Auf den Inhalt dieser Worte verschwendeten sie keinen Gedanken, dazu waren sie ihnen zu fern und sie waren selbst ganz woanders.

»Was willst du? Willst du Geld?«, sprach einer von ihnen aus, was viele vermuteten.

»Ich verlange kein Entgelt von euch dafür, mein Lohn ist bei keinem anderen als bei Gott« *(Qur'an 11:29)*, entgegnete Nuh. »So begreift doch«, fuhr er fort, »ich sage euch nicht, dass ich die Schätze Gottes besäße, noch dass ich wüsste, was verborgen ist, noch erkläre ich, ein Engel zu sein!« *(Qur'an 11:31)*

Da war ihre Geduld am Ende. Sie sahen einfach keinen Sinn in Nuhs Worten. »Du streitest und streitest und hörst nicht auf, mit uns zu streiten! Wozu? Wir sind es leid!«, und um der Sache ein Ende zu bereiten, fügten sie hinzu: »So bringe uns doch her, womit du uns drohst – wenn du die Wahrheit sprichst!« *(Qur'an 11:32)*

»Ich habe nie behauptet, dass ich euch bestrafen würde!«, kam Nuhs schlichte Antwort. »Gott allein wird es über euch bringen, wenn Er will. Und ihr werdet nicht vermögen, es zu vereiteln.« *(Qur'an 11:33)*

»Oh, also hast du es erfunden!«, bekam er da prompt zu hören. Doch er blieb friedlich und beharrlich, denn sein Herz schlug für sein Volk und wie sehr wünschte er, dass er etwas würde bewirken können! So sagte er nur etwas ratlos: »Nein, es ist Gottes eigene Wahrheit!«

Es war müßig und es brachte nichts. Es gab auch nichts mehr zu sagen, denn es war alles gesagt. Sie steckten sich nur noch ihre Finger in die Ohren und verdeckten sich mit ihren Gewändern. *(Qur'an 71:7)* Einige drohten sogar, ihn zu steinigen, wenn er nicht endlich Ruhe gäbe. Die, die glaubten, glaubten und die, die nicht glaubten, würden auch nicht glauben.

Da erging die Weisung an Nuh: »Baue ein Schiff unter Unserer Aufsicht und unter Unserer Anleitung.« *(Qur'an 11:37)* Ohne Zögern machte sich Nuh an die Arbeit. Mit Hilfe seiner Getreuen und seiner Familie fällte er Bäume, schnitt Planken zu und baute auf dem trockenen Land ein Schiff.

Ob Nuh jemals schon ein Schiff gesehen hatte? Er lebte in Mesopotamien, wo es keinen Regen gab. Das Land wurde von kleinen Seitenarmen und Kanälen des Tigris bewässert. Vielleicht hatte er dort Boote oder auch ein leichtes Segelschiff gesehen. Aber ein richtiges Schiff? Der Persische Golf mit seinen Häfen lag an die 1500 Kilometer entfernt. Und was Nuh nun bauen sollte, war auch kein Schiffchen, sondern ein stabiler, schwerer Kahn. Und unter der Anleitung seines Herrn baute er einen stabilen, schweren Kahn. Die Legende erzählt, es sei Jibril gewesen, der gesandt wurde, ihm den Schiffsbau zu lehren.

Doch es mutete schon ein wenig seltsam an, was er da tat, und so mussten er und seine Leute viel Spott einstecken: »Schaut, schaut, unser Prophet ist Schreiner geworden!«, rief man ihm zu und spottete: »Wollt ihr auf dem Trockenen segeln?« Zwei Jahre soll es gedauert haben, bis das Schiff fertiggestellt war.

Da erging der nächste Befehl an Nuh: »Bringe auf das Schiff zwei von jeder Gattung, je ein männliches und ein weibliches, sowie deine Familie mit Ausnahme derer, gegen die das Wort bereits ergangen ist, sowie die Gläubigen.« *(Qur'an 11:40)* Da versammelte Nuh von allen Tieren ein Paar. Von allen Tieren! Da waren wilde Tiere wie Wölfe, Bären und Löwen, große Tiere wie Elefanten und Nashörner, Haustiere wie Hühner, Schafe und Ziegen, kleine Tiere wie Mäuse und Spatzen, Reittiere wie Kamele und Pferde, dazu Insekten, Singvögel, Raubvögel und viele mehr. Alle Tiere eben.

Dann kam tatsächlich die Flut. Der Himmel hatte sich längst schon verfinstert, ehe er seine Schleusen öffnete. Mit seinen Wasserfluten füllte er die große Hochebene des Ararat, und die entfesselten Wasser stürzten hinunter ins Tigristal, um dort all die Flüsschen, die Quellen und Kanäle über ihre Ufer treten zu lassen. So fielen die Fluten vom Himmel herab und quollen auch aus der Erde hervor.

Berichte über die große Flut finden sich in den Überlieferungen zahlreicher Völker. In Griechenland ist es die Geschichte von Deukalion und seiner Frau Pyrrha, in China gibt es den Bericht über die Flut im Shu-king, in Indien im Satapatha Brahmana sowie im Mahabharata die Geschichte von Manu und dem Fisch. Auch viele indianische Überlieferungen berichten von der großen Flut.

Das Schiff sei am ersten *Radjab* (dem ersten Tag des sechsten Monats im islamischen Mondkalender) fertiggestellt worden. An diesem Tag soll auch die Reise durch die Sintflut begonnen haben, die sechs Monate gedauert haben soll. Der Bug des Schiffs soll wie das Brustbein eines Vogels geformt gewesen sein und sein Heck wie ein Pfauenrad. Es war aus breiten, mit Palmfasern abgedichteten Planken gezimmert.

Bei Al-Baidawi heißt es, das Schiff sei dreihundert Ellen lang, dreißig breit und fünfzig tief gewesen und aus indischem Platanenholz hergestellt worden. Attar schreibt, dass es drei Decks gehabt hätte; das Unterste für die Tiere, das Mittlere für Nuh, seine Familie und seine Getreuen; nur achtzig Menschen sollen es gewesen sein. Das oberste Deck sei den Vögeln vorbehalten gewesen.

Als alle an Bord waren und die Fahrt beginnen sollte, sprachen sie nicht die Worte: *Bismillahir rahmanir-rahim*[36] — »Im Namen des All-Erbarmers, der Allerbarmherzigsten«, denn es war eine Zeit göttlichen Zorns, zu der man nicht die Attribute der Barmherzigkeit verwendet. Ebenso wie man beim Schlachten eines Tieres oder wenn man in den Krieg zieht, nicht *Bismillahir rahmanir-rahim* sagt, sondern: *Bismillah allahu akbar* — »Im Namen Gottes, Gott ist am größten«. So sagten Nuh und seine Getreuen: »*Bismillahi madjraha wa mursaha*«— »Im Namen Gottes sei seine Fahrt und seine Landung«. *(Qur'an 11:41)*

Nach sechs Monaten begann der Wasserspiegel allmählich zu sinken und Nuh sandte eine Taube aus, damit sie ihm ein Zeichen bringe. Die Taube ließ sich auf einem Ölbaum nieder, dessen höchste Zweige so gerade aus dem Wasser ragten. Als sie versuchte, ein Zweiglein abzupicken, wurden ihre Beine nass und an der Stelle, an der sie vom Wasser des göttlichen Zorns berührt wurden, fielen die Federn ab. So kam es, dass die Füße der Taube seither nackt und rot sind. Sie flog zurück und brachte Nuh den Ölbaumzweig.

Es war der zehnte *Muharram* (der zehnte des ersten Monats im islamischen Mondkalender) als das Schiff auf Grund lief. Nuh und seine Besatzung stiegen aus. Sie waren auf dem Berg Jabal ul Judi, unweit des Ararat, heute im kurdischen Land, gelandet. Ihre erste neue Siedlung nannten sie *thamanin* — »achtzig«. Nuh wurde tausend weniger fünfzig Jahre alt, so heißt es im Qur'an.

(Qur'an 29:15–16, 11:36–49)

23. Allegorie von der Ringeltaube

Meine Aufgabe ist es, zarte Botschaft zu überbringen, die das Herz für sich gewinnt. Die *zurnah* (der Derwischgürtel), um meinen Hals symbolisiert den Gürtel des Gehorsams und bezeigt, dass ich meine Aufgabe getreu erfülle. So zögere nicht, mir die Botschaft deines Herzens anzuvertrauen. Wenn es um Deine Liebe geht, so schrecken mich auch die höchsten Gipfel nicht, denn ich halte mein Wort, das ich Dir gab.

(Al-Muqaddisi)

24. Allegorie von der Brieftaube

Die Begabung des Goldschmieds wird nicht dem Eisenschmied zuteil.

Gutmütiges Temperament wird nicht dem Zornmütigen zuteil.

Begabungen und Fähigkeiten stehen am Tage des Gerichts wie eine Mitgift bereit und kehren zu ihren Besitzern zurück –

wie Begabungen und Fähigkeiten nach dem Schlaf wieder zu dem zurückkehren, der sie als die seinen beansprucËt.

Ob gut oder schlecht – zur Stunde der Morgendämmerung kehren sie an den Ort zurück, den sie verlassen hatten.

Sie sind wie Brieftauben: Sie fliegen übers Land und überbringen ihre Nachricht, um dann in ihre Heimatstadt zurückzukehren. *(Masnavi, Vers 1695)*

25. Die Taubenflügel

Ein Beduine mahnte seine Frau:

»Du bist meine Frau: Die Frau muss von derselben Art sein
wie der Mann, damit die Dinge recht gehen.

Ein Paar muss zusammenpassen: Schau auf ein Paar Schuhe
oder Stiefel! Wenn einer der Schuhe zu eng ist, ist das
ganze Paar nutzlos.

Hast du jemals eine Taube gesehen, deren einer Flügel
groß, der andere klein ist?

Oder einen Wolf, gepaart mit einem Löwen?

Auf dem Kamel bleibt die Satteltasche nicht im Gleichge-
wicht,

wenn der eine Beutel leer, der andere voll ist.«

(Masnavi, Vers 2317)

26. Allegorie von der Schwalbe

Ich fragte die Schwalbe: »Wäre es nicht klüger, wenn du
bei deinesgleichen bliebest? Stattdessen lässt du dich stets
bei den Wohnstätten der Menschen nieder!«

Sie antwortete: »Ich mische mich nun mal gerne unter
andere, die nicht von meiner Art sind, denn dies erlaubt
mir, unter ihnen als ein Fremder zu verweilen. Ich suche
die Gesellschaft jener, die mir überlegen sind, auf dass ich
von ihnen lerne und Nutzen daraus ziehe.

Stets bin ich sorgfältig darauf bedacht, den Bewohnern
des Hauses, in dem ich mich niederlasse, als ein guter
Nachbar nicht zur Last zu fallen. Ich beschränke mich damit, mein Nest zu bauen – mit Material, das ich am Fluss-
ufer finde, und auch meine Nahrung finde ich stets außer-

halb des Hauses. Ich genieße ihre Gastfreundschaft, doch niemals rühre ich das Hab und Gut der Hausbewohner an. Denn wenn du an den Besitztümern der Menschen vorbeigehen kannst, wirst du ihre Zuneigung gewinnen.«

(Al-Muqaddisi)

27. Allegorie von der Ente

Wer nicht reist, wird nur schwer Handel treiben können!

In drei Ebenen bin ich zu Hause: ich fliege durch die Luft, laufe auf dem Land und gleite leicht über das Wasser, das mein eigentliches Element ist. Mit Freuden tauche ich in die klaren Wasser, um die Perlen in seinen Tiefen zu entdecken.

Dem Unentschlossenen, der am Ufer verweilt, bleibt nur, den bitteren Schaum zu kosten. *(Al-Muqaddisi)*

28. Allegorie vom Hahn

Mein erstes Flügelschlagen am Morgen zeigt an, dass es Zeit ist, sich fürs Gebet zu erheben, und dem, der dann noch weiterschläft, hilft mein Hahnenschrei zu erwachen.

Meinem Nachwuchs bringe ich zärtliche Fürsorge entgegen; stets bin ich in seiner Mitte, und da ist kein Schlückchen, kein Körnchen, das ich zu mir nähme, wenn nicht in seiner Gesellschaft. Ja stets rufe ich ihn zu den Mahlzeiten und zuweilen lasse ich ihm die besten Krumen.

Dieser Art sind die Eigenschaften, mit denen ich Allah diene. *(Al-Muqaddisi)*

29. Allegorie vom Sittich

Der Welt zugeneigt und die Gesellschaft ihrer Kreaturen schätzend, erkannte ich, dass es der Mensch ist, nach dem ich mich richten sollte. Sind nicht alle Geschöpfe von Gott für ihn erschaffen? *(vgl. Qur'an 16:5–8)* Wohingegen Er den Menschen für Sich erschuf. Ist es nicht ein festes Band, mit dem Er ihm zugetan ist, und hat Er ihn nicht mit Seiner Gunst überreich bedacht?

Mag meine Natur noch so anderer Art sein, so bin ich doch bestrebt, sein Leben zu teilen, seine Sprache zu erlernen und seine Nahrung mit ihm zu teilen.

All meine Hoffnung ist, dass der Mensch meiner gedenken werde am Tage, da er vor Gott erscheint, auf dass ich, der ich doch sein Diener und Angehöriger seines Haushaltes in dieser Welt bin, dies auch in der nächsten sein möge!

(Al-Muqaddisi)

30. Papageien des Himmels

Voll Freude jener Augenblick, da wir in der Laube saßen –
    du und ich;
in zwei Gestalten und mit zwei Gesichtern – mit einer
    Seele, du und ich.
Die Farbe des Gartens und der Gesang der Vögel
    verströmen das Elixier der Unsterblichkeit,
sobald wir den Obstgarten betreten – du und ich.
Die Sterne des Himmels kommen heraus, um auf uns
    hernieszuschauen –
ihnen werden wir selbst den Mond zeigen – du und ich.
Du und Ich, ohne »du« und ohne »ich«, werden eins sein
    durch unser Kosten und Probieren.

Glücklich und geschützt vor müßigem Geschwätz.
Die unbeschwerten Papageien des Himmels werden uns
  beneiden,
dass wir solchermaßen lachen – du und ich.
Doch noch seltsamer ist es, dass du und ich, in diesem
  Winkel hier...
im gleichen Atemzug im Irak und in Khorasan sind –
du und ich.   *(Rumi)*

31. Die Botschaft des Papageis

Willkommen, o Papagei,
in deinem schönen Gewand mit dem Halsband aus Feuer.
(Fariduddin Attar, Mantiq at-Ta'ir)

Es war einmal ein Kaufmann, der einen schönen Papagei besaß, den er in einem Käfig hielt. Eines Tages begab sich der
Kaufmann auf eine Reise nach Indien. Er war ein großzügiger
Mann und so befragte er vor seinem Aufbruch jeden Knecht
und jede Magd: »Welches Reisegeschenk wünschst du dir aus
dem fernen Indien?«, und er versprach, all die Wünsche zu erfüllen. Ganz am Schluss fragte er auch den Papagei.
  Dieser sagte: »Wenn du dort auf Papageien triffst, richte
ihnen Folgendes aus: ›Jener Papagei, der Heimweh hat, ist
durch das himmlische Schicksal in meinem Käfig gefangen.
Er sendet euch Grüße und bittet um Hilfe. Er fragt euch
nach Mitteln und Wegen, wie er errettet werden kann. Er
sagt: ›Soll ich denn vor lauter Sehnsucht hier fern von euch
sterben? Ist es gerecht, dass ich hier eingesperrt sitze, während ihr auf grünen Pflanzen und Bäumen sitzt? Sieht so
die Treue von Freunden aus: ich hier im Käfig, ihr dort im
Rosengarten!‹«

Der Kaufmann versprach, die Botschaft des Papageien seinen Artgenossen zu überbringen. An der entferntesten Grenze Indiens kam er durch eine Steppe, in der er eine Schar Papageien erblickte. Da hielt er sein Reittier an, überbrachte die Botschaft des Papageis und löste sein Versprechen ein.

Aber kaum hatte er geendet, da taten ihm seine Worte auch schon Leid, denn einer der Papageien begann heftig zu zittern, hörte auf zu atmen und fiel um. »Vielleicht war er ein naher Verwandter meines kleinen Papageien, vielleicht waren beide eine Seele in zwei Körpern«, sagte sich der Kaufmann und bedauerte sehr, was geschehen war.

Nachdem er seine Geschäfte erfolgreich abgeschlossen hatte, machte er sich auf die Heimreise. Zu Hause überreichte er seinen Dienern und Dienerinnen die mitgebrachten Geschenke. Schließlich rief der Papagei: »Und was ist mit meinem Geschenk? Erzähle, was du gesagt und gesehen hast.«

»Sei still! Es tut mir noch immer Leid, dass ich mich darauf eingelassen habe, eine solch törichte Botschaft zu überbringen!«

»O Meister«, sagte der Papagei, »was bereust du? Was macht dich so ärgerlich und bekümmert?«

»Ich habe deine Klagen einer Schar von Papageien erzählt. Ein Papagei hat deinen Schmerz gespürt; er zitterte, fiel um und starb auf der Stelle.«

Kaum hatte der Kaufmann seinen Bericht geendet, erzitterte der Papagei, fiel zu Boden und erstarrte.

Voll Bestürzung und Bedauern sprang der Kaufmann auf, schleuderte seine Mütze zu Boden, riss sich das Hemd vom Leibe und wollte nicht mehr aufhören zu klagen:

»O mein schöner Papagei mit der süßen Stimme!«, rief er aus und beklagte über alle Maßen, dass er nun der Gegenwart seines Freundes beraubt war. »Was ist dir geschehen? Mein armer Freund, mein anmutiger Vogel, bei dessen Anblick ich meine Sorgen vergaß! Mein Papagei, mein geistreicher Vogel, Übersetzer meiner Gedanken und meines innersten Empfindens! Stets kam er zu mir, ob ich ihm Nahrung gab oder nicht! Sobald er zu sprechen begann, erinnerte ich mich wieder!«

Der Kaufmann öffnete den Käfig, um den Vogel herauszuholen. Da flog der kleine Papagei auf einen hohen Ast. Der Kaufmann stand überrascht da – und plötzlich erkannte er das Geheimnis des Vogels!

»Was war die Botschaft des Papageis in Indien? Was hat er dich gelehrt, dass du eine solche List ersannst und meine Seele mit Kummer erfüllst?«, fragte der Kaufmann.

Der Papagei antwortete: »Durch sein Tun riet er mir: Verzichte auf den Zauber deiner Stimme und darauf, angenehm zu sein, denn deiner Stimme wegen gerietst du in Gefangenschaft!« Und er stellte sich tot, um mir zu sagen: »Stirb wie ich, damit du frei werden mögest!«

Der Kaufmann erwiderte den Abschiedsgruß des Papageien und sagte: »Geh, Gott schütze dich! Du hast mir soeben einen neuen Weg gezeigt!«

So lautet die Geschichte des Papageien, der die Seele darstellt. *(Masnavi, Vers 1556ff)*

32. Der Papagei und das Rosenöl

Es war einmal ein Gemüsehändler, der einen sprechenden Papagei besaß. Es war ein schöner Vogel mit grünem Gefieder, der sogar singen konnte. Er hütete den Laden und liebte es, mit den Kunden zu plaudern.

Eines Tages flog er wohl etwas zu hastig von seinem

Stammplatz auf der Lehne der Sitzbank auf und stieß dabei einen Flakon mit Rosenöl um. Als der Kaufmann nun zurückkehrte und es sich auf der Ladenbank bequem machte, bemerkte er, dass das Rosenöl vergossen war, ja, dass er selbst sogar im Öl saß. Voll Ärger schlug er nach dem Papageien. Er traf ihn am Kopf, so dass die Federn flogen und der Papagei kahlköpfig war.

Daraufhin sprach der Papagei nicht mehr. Drei Tage und drei Nächte nicht. Dem Gemüsehändler tat es längst Leid, vergeblich mühte er sich, den Vogel aufzuheitern.

Da kam ein kahlköpfiger Derwisch in einem Gewand aus groben Leinen am Laden vorbei. Der Papagei rührte sich und rief laut: »He du! Wer hat dich denn zum Glatzkopf gemacht? Hast du auch Rosenöl verschüttet?«

Miss nicht das Tun der Heiligen mit deinem Leisten, auch wenn sher und shir (sher = »Löwe«, shir = »Milch«, da im Persischen Vokale oft nicht ausgeschrieben werden, unterscheiden sich sher und shir nicht in ihrer Schreibweise) gleich geschrieben werden. *(Masnavi, Verse 248ff.)*

33. Der geschäftstüchtige Papagei

Ein Mann kaufte sich einen Papagei. Zu Hause angekommen sagte er zu ihm: »Ich werde dir das Sprechen beibringen!«

»Mach dir keine Umstände«, sagte da der Papagei. »Denn sprechen kann ich bereits!«

Voll Begeisterung stürzte der Mann ins Teehaus, den Papagei nahm er natürlich mit, um das Wundertier seinen Freunden vorzuführen.

»Schaut euch diesen Papagei an...«, begann er seine Geschichte.

Dem Papagei jedoch war kein Wort zu entlocken. Was auch immer er versuchte: keine Silbe, kein einziger Laut.

Die Männer im Teehaus hatten ihren Spaß. Man schloß Wetten ab, 10:1, dass der Papagei nicht sprechen konnte. Sein Besitzer verlor.

Auf dem Nachhauseweg rupfte er seinen Papagei unsanft am Gefieder und sagte: »Du Narr, du machst dir keine Vorstellung, wie viel Geld ich um deinetwegen verloren habe!«

»Der Narr bist du!«, kam die ungerührte Antwort des Papageis. »So überlege doch nur: Wenn du mich morgen noch mal ins Teehaus bringst, kannst du die Wette 100:1 gewinnen!« *(Türkische Lehrgeschichte)*

34. Der Papagei und die Krähe

Ein Papagei war gemeinsam mit einer Krähe in einen Käfig gesperrt und litt wegen der Hässlichkeit der Krähe solche Qual, dass er wiederholt sagte: »Welch ein widerwärtiges Ding mit peinigendem Gebaren, verabscheuungswürdigem Angesicht und hässlicher Gestalt. O unglückselige Krähe, wäre doch soviel Abstand zwischen dir und mir wie zwischen Ost und West!

> »Für den, der sich des Morgens erhebt
> und dein Gesicht erblickt,
> wird der Tag des Friedens
> so schwarz werden wie die Nacht.
> Besser du wärst in Gesellschaft von deinesgleichen,
> nur wo wäre einer so scheußlich wie du zu finden?«

Merkwürdig war nur, dass die Krähe wegen des Hohns des Papageis sich nicht mehr zu helfen wusste und beständig ihre Zuflucht bei Gott suchte. Ihr Schicksal beklagend sagte sie: »Wie unglücklich ich bin! Welches Unglück mir widerfahren ist! O könnte ich doch auf einer Gartenmauer einherschreiten – eine Stellung, die meiner Würde entspräche!

Für einen heiligen Mann ist es schon Gefängnis genug, mit den Gefangenen zu sein. Wie viel habe ich gesündigt, dass ich von der Gegenwart eines selbstgefälligen Narren wie dieser übelgesichtigen Kreatur heimgesucht werde. Ist Gefangenschaft allein nicht schon Unglück genug?«

»Niemand würde sich einer Mauer nähern,
auf die deine Gestalt gemalt wäre.
Wäre dein Platz im Paradies,
würden andere die Hölle wählen.«

Ich habe dieses Beispiel angeführt, damit ihr erkennen mögt, dass so, wie ein weiser Mann eine Abneigung gegen Narren hat, ein Narr die Gesellschaft eines Weisen scheut. *(Saadi, Gulistan V, 12)*

35. Das Beispiel des Raben

Leicht angezaust, das Gefieder, so schwarz wie Khol-Puder (mit dem die Augen zum Schutz und Schmuck umrandet werden) hektisches Gehüpfe, Gescharre – wieder und wieder hüpft der Rabe um den toten Mann, der auf der blanken Erde liegt. Der *Ghurab* (der Rabe) scharrt und scharrt – hüpft zurück zu dem, der reglos erstarrt vor dem Toten steht, seit Stunden. Nach einer sich zur Ewigkeit dehnenden Zeit ein leises Regen, sein leerer Blick kehrt zögernd aus dem Irgendwo zurück, heftet sich gedankenverloren auf den Vogel, schaut – und füllt sich langsam mit Begreifen. Der Mann zittert, begreift und kann es doch nicht fassen. Wie auch? Unverzeihlichen Frevel hat er begangen, unwiderruflich, was er getan.

»Töte mich, und all meine vergangenen Sünden werden auf dich übergehen! Wenn du meinst, du kannst sie auch noch tragen... «, waren die letzten Worte seines Bruders gewesen. So lakonisch und nüchtern er sie auch hervorbrachte – vielleicht war es gerade das, was seine Wut überborden und ihn zuschlagen ließ.

Diese lächelnde Ruhe seines Bruders Habil, Sohn Adams. Er, der Jüngere, Sanfte, Friedvolle, Lichterfüllte, der auch jetzt um nichts fürchtete, als selbst ein Unrecht zu begehen, wehrte sich nicht, als Qabil, Sohn Adams, auf ihn einschlug.

Natürlich war Habils Ernteopfer angenommen worden. »Gewiss akzeptiert Gott das Opfer derer, die rechtschaffen sind!« *(Qur'an 5:30)*, hatte sein schlichter Kommentar gelautet. Qabil spürte nur, wie in ihm Neid und Hass aufstieg und ihm die Kehle zuschnürte. Sein Opfer dagegen war zu schwarzem Rauch verqualmt...

Lange, lange Zeit hatte Qabil reglos vor dem toten Bruder gestanden, als sein Blick auf einen zerzausten, kohlschwarzen Raben fiel – ein Rabe tötet keinen Raben, ging es ihm durch den Kopf. Was sollte er bloss tun? Was tat der Rabe da eigentlich? Er hüpfte, er flatterte, er scharrte – und endlich, endlich begriff Qabil. Er hatte nicht einmal daran gedacht, zu tun, was zu tun war. Erst ein Rabe musste ihn erinnern, den schutzlosen Leichnam seines Bruders zu bedecken.

Er hub Erde aus und begrub seinen Bruder. Dann zog er fort. Wohin er auch kam, die Menschen scheuten seine Nähe und mieden ihn. *(Qur'an 5:30–39)*

36. Allegorie von der Krähe

Stets Trauer tragend bin ich Omen schicksalhafter Trennung. Warnung bin ich dem Reisenden, dass an welchem Ort er auch rastet, dieser bald vergangen sein wird.

Zeuge war ich des Vorfalls, der dem Vater der Menschheit soviel Leid bereitete. Wie ein Khatib, ein Prediger, bin ich stets in Schwarz gekleidet und mahne: »Sprich davon, dass die Freuden dieser Welt von wenig Bedeutung in der nächsten sind!«
 (Al-Muqaddisi)

37. Allegorie von der Eule

Ein Spalt in einer zerbröckelnden Mauer genügt mir. Wie viel lieber sind mir Ruinen als die Wohnstätten der Menschen.

Wird nicht ein jedes Heim eines Tages zu Staub zerfallen?

Wird nicht jedem eine schlichte Strohmatte als Ruhebett genügen, den das Glück so segnete, dass er erkannt hat, wie kurz doch das Leben ist, und dass alles, das sich voranbewegt, sich seiner Zerstörung zu bewegt?

Wird er nicht seinen Blick dem zuwenden, was ewig währt?
 (Al-Muqaddisi)

38. Die Eulen und der Falke des Königs

Ein Falke des Königs ließ sich für kurze Zeit auf den verfallenen Mauern eines alten Gemäuers nieder. Die Ruine war von Eulen bewohnt.

Als er merkte, dass sie sich vor ihm fürchteten, sagte er: »Dieser Platz mag euch angenehm und vielversprechend vorkommen, mein Platz aber ist der Arm des Königs!«

Da riefen sich die Eulen gegenseitig zu: »Glaubt ihm kein Wort! Mit Arglist will er sich unserer Heimstatt bemächtigen!«

(Rumi)

39. Eulen

Nur Vögel mit schönen Stimmen sperrt man ein,
Eulen hält man nicht in Käfigen.

(Rumi)

40. Die Fledermaus

Eines Nachts hörte man eine Fledermaus sagen: »Woran liegt es, dass ich nicht in der Lage bin, auch nur einen einzigen Augenblick lang die Sonne zu sehen, mich auch nur einen Augenblick lang in ihr zu verlieren? Ein Leben lang schon lässt es mich verzweifelt sein! Jahrein, jahraus, wohin auch immer ich fliege, fliege ich mit geschlossenen Augen!«

Da sagte jemand, der sein Leben der Kontemplation geweiht hatte, zu ihr: »Du hast noch eine lange Reise vor dir, denn du bist in Stolz und Hochmut gefangen! Wie kann ein Geschöpf wie du die Sonne entdecken? Kann eine Ameise den Mond erreichen?«

»Trotzdem«, sagte die Fledermaus, »werde ich es weiterhin versuchen!« Und so suchte sie weiter, Jahr um Jahr, bis sie keine Kraft und keine Flügel mehr hatte. Da sie die Sonne immer noch nicht entdeckt hatte, dachte sie: »Vielleicht bin ich schon über sie hinausgeflogen?«

Ein weiser Vogel, der diese Worte hörte, sagte: »Du lebst in einem Traum! Du flogst im Kreise umher und bist noch keinen einzigen Schritt vorangekommen. Und in deinem

Hochmut behauptest du, über die Sonne hinausgelangt zu sein!«

Da erschrak die Fledermaus, denn sie erkannte ihre Hilflosigkeit und wurde bescheiden.

(Fariduddin Attar, Mantiq at-Ta'ir)

41. Fledermaus und Sonne

Schwache Augen und gebrochene Herzen
können den Anblick der Sonne nicht ertragen.
Sie sind wie die Fledermaus, die die Hitze und Helligkeit
    der Sonne nicht erträgt und verwirrt flieht.

Sieh, dass die Engel ebenso wie wir Helfer sind und
    Träger des Lichts im Himmel,
die sagen: »Wir haben unser Licht von der Sonne
    erhalten.«
Gleich, ob er wie der Neumond, wie der sieben Tage alte
    Mond oder der Vollmond ist,
so hat jeder Engel seinen besonderen Rang in Bezug auf
    Licht und Wert.

Wisse! Die Engelsflügel *(vgl. Qur'an 35:1)* gleichen den
    Flügeln des Menschenverstandes:
Auch er ist unterschiedlich hell.
Der Gefährte jedes menschlichen Wesens im Guten wie
    im Schlechten
ist jener Engel, dessen Wert zu seinem Wert passt.

(Masnavi, Verse 3660–3667)

VIII.

Die Fische

Der Fischer wird keinen Fisch im Tigris fangen,
es sei denn, es ist ihm so bestimmt;
und kein Fisch wird auf dem trockenen Land sterben,
bevor nicht seine Tage abgelaufen sind.

(Saadi, Gulistan VIII, 73)

Die Menschen, die ihre Herzen polieren,
sind dem Reich von Geruch und Farbe entkommen.
Mit jedem Atemzug betrachten sie das Schöne –
   ohne Zögern, ohne Hast.
Niemand kann ihre Herzen besiegen;
die Hiebe treffen die Austernschale, nicht die Perle.

(Masnavi, Vers 3505)

1. Der kleine Fisch

Musa war ein außergewöhnlicher Mann, ein weiser Lehrer und großer Sohn seines Volkes. Seine Erscheinung war respektgebietend, seine Stimme wie Donnerhall – und Gott sprach zu ihm.

Nun hatte ihn aber einer aus seinem Volk gefragt: »Wer hat das meiste Wissen unter all den Menschen auf dieser Erde?« Und Musa hatte eine sehr unweise Antwort gegeben: »Ich bin derjenige!«, hatte er nämlich ohne großes Bedenken gesagt. Doch kaum waren diese Worte gesprochen, da ließ Gott ihn wissen, dass es einen gab, der über mehr Wissen verfügte als er.

Obwohl es Musa, der wohlbewandert war in den Wissenschaften, in den Schönen Künsten und der Literatur, gelungen war, sich all das Wissen seiner Zeit anzueignen, so war es eben doch nicht »alles« Wissen. Wer könnte von sich schon behaupten, es gäbe kein Wissen mehr, das er sich noch aneignen könne?

In Begleitung seines jungen Freundes Yusha' bin Nun hatte sich Musa auf den Weg gemacht, seinen Lehrer zu suchen. Er sollte ihn an dem Ort finden, an dem ihm der kleine Fisch abhanden kommen würde: am Zusammenfluss der beiden Meere[37] sollte sich dies ereignen. »Ich werde nicht aufgeben, ehe ich nicht am Zusammenfluss der beiden Meere angelangt bin, und sollte ich Jahr um Jahr unterwegs verbringen!« *(Qur'an 18:60–61)*, hatte Musa zu seinem Begleiter gesagt, ehe sie sich auf den Weg machten.

Noch befand sich der kleine Fisch sicher verstaut in der Provianttasche am Sattel seines Reittieres. Von Zeit zu

Zeit warf Musa einen Blick in die Tasche, doch natürlich war der Fisch noch darinnen, so ein kleiner toter Fisch würde sich wohl kaum von einem Moment auf den anderen in nichts auflösen!

Sie waren erschöpft und beschlossen auf einem Felsen hoch über dem Meer eine Verschnaufpause einzulegen. Musa dachte nicht mehr an den Fisch und für ein kurzes Weilchen überfiel ihn ein leichter Schlummer. Yusha' wachte währenddessen, auch wenn ihm die Augenlider schwer waren, und so sah er, wie der kleine Fisch auf wundersame Weise aus der Tasche entkam und sich quicklebendig hinunter in die Fluten stürzte.

Als Musa nicht sonderlich erfrischt aus seinem Schlummer erwachte, zogen sie weiter. Der Weg war beschwerlich und bleierne Müdigkeit lag auf ihnen, so dass ihnen jeder Schritt mühselig wurde. Schließlich beschloss Musa Rast zu machen und sagte zu Yusha': »Bring uns unser tägliches Mahl! Fürwahr, auf diesem Abschnitt unserer Reise haben wir viel unter Müdigkeit gelitten!« *(Qur'an 18:62)*

Da sagte Yusha': »Sahst du nicht, was geschah, als wir uns zu dem Felsen begeben hatten? Das mit dem Fisch hatte ich tatsächlich vergessen!« *(Qur'an 18:62)*, und er fügte hinzu: »Auf wundersame Weise fand er seinen Weg ins Meer!«

»Das war doch das Zeichen, auf das wir gewartet haben!«, sagte Musa und so gingen sie unverzüglich ihren Fußspuren folgend den Weg, den sie gekommen waren, zurück. Und dort, an dem Felsen, auf dem Musa geruht hatte, am ›Zusammenfluss der beiden Meere‹ fanden sie den, nach dem Musa gesucht hatte.

Khidr war es, der Grüne, dessen Wissen keine trockene, verstaubte Weisheit aus Büchern oder von Zitaten ist, sondern ein Wissen, so frisch wie das Grün der jungen Pflanzen im Frühling, denn es stammt aus einer lebendigen Quelle, direkt aus Gottes Gegenwart. Er, der beschrieben wird als ›ohne Vater, ohne Mutter, ohne Abstammung und dessen Tage keinen Anfang nehmen so wie sein Leben kein Ende‹ *(siehe auch Paulus über Melchisedek, Hebräerbrief VII. 1)*.

Musa bat Khidr, ihn zu unterrichten: »Darf ich dir folgen, auf der Basis, dass du mich etwas von der Höheren Wahrheit lehrst, in der du unterrichtet wurdest?« *(Qur'an 18:66)* Khidr aber erwiderte lächelnd: »Du wirst nicht in der Lage sein, Geduld mit mir zu haben! Wie kannst du Geduld für Dinge aufbringen, die du nicht recht verstehen wirst?« *(Qur'an 18:67–68)* Da sagte Musa: »So Gott will, wirst du mich geduldig finden, auch werde ich dir nicht ungehorsam sein.« *(Qur'an 18:69)* Khidr schien nicht unbedingt überzeugt, gab aber schließlich Musas Bitten und Drängen nach und willigte ein. Er stellte jedoch die Bedingung, dass Musa ihm keine Fragen stellen, sondern geduldig warten würde, bis er die Erklärung bekäme. Natürlich willigte Musa ein.

Bevor sie aufbrachen, sagte Khidr: »Siehst du diese Möwe dort im Wasser? Verglichen mit Gottes Wissen, sind mein und dein Wissen zusammengenommen so winzig wie die Wassermenge, die dieser Vogel mit seinem Schnabel aufnehmen kann!«

Sie kamen an einen Fluss. Dort lebten in einer kleinen Hütte fromme, bettelarme Fährleute, deren ganzer Besitz ein kleiner Kahn war, mit dem sie Reisende für ein kleines Entgelt zum gegenüberliegenden Ufer übersetzten. Statt den aufrechten Leuten, die sie sogar ohne Entgelt hinübergefahren hatten, sein Mitgefühl zu bezeigen und sie großzügig zu entlohnen, riss Khidr kurzerhand eine Planke aus dem Boot und versenkte es.

Da vergaß sich Musa und sagte zu Khidr: »Hast du es versenkt, weil du die Insassen ertränken wolltest? Eine wirklich merkwürdige Sache, die du da getan hast!« *(Qur'an 18:71)* Khidr aber gab zur Antwort: »Sagte ich dir nicht, du würdest nicht die Geduld mit mir aufbringen können?« *(Qur'an 18:27)* Musa, der sich nun wieder an ihre Abmachung erinnerte, entschuldigte sich für seine Vergesslichkeit und bat um Nachsicht.

Sie zogen weiter und es begegnete ihnen ein junger Mann von einnehmendem Äußeren. Khidr erschlug ihn.

Musa schrie entsetzt auf: »Was tust du! Wie furchtbar! Der arme, unschuldige Jüngling!«

Khidr entgegnete ernst: »Sagte ich dir nicht, du könntest die Geduld mit« mir nicht aufbringen?« *(Qur'an 18:75)*

Musa versuchte sich zusammenzureißen: »Wenn ich dich nach diesem Vorfall jemals wieder etwas fragen sollte, dann behalte mich nicht länger bei dir!« *(Qur'an 18:76)*

Sie zogen weiter und kamen in eine Stadt. Ungewöhnlich war, dass niemand den fremden Reisenden seine Gastfreundschaft anbot, ein eigentlich ungeschriebenes Gesetz. So mussten sie nun darum bitten, dass man ihnen etwas zu essen gäbe, aber auch da fand sich keiner, der ihnen Unterkunft und eine Mahlzeit gewährt hätte. In einigen Überlieferungen heißt es sogar, dass man sie mit Steinen bewarf.

Vor der Stadt befand sich eine Mauer, die am Verfallen war. Khidr baute sie wieder auf. Musa half, hungrig, müde wie er war, aber er verstand nicht, warum sie das taten. Als sie weiterzogen, konnte er nicht mehr an sich halten und sagte: »Wenn du gewollt hättest, hättest du dafür doch eine Entschädigung verlangen können!« *(Qur'an 18:77)* Da sagte Khidr: »Dies bedeutet die Trennung zwischen mir und dir. Nun will ich dir die Deutung der Dinge sagen, deretwegen du keine Geduld haben konntest *(Qur'an 18:78)*: Was das Boot anbelangte, so gehörte es auf-

rechten Leuten, die in bitterer Not waren. Sie lebten davon, Fahrgäste mit dem Boot überzusetzen und ich wollte, dass sie das auch weiterhin tun könnten, denn ohne
diesen Broterwerb bliebe ihnen nur das Betteln. Sie wussten nicht, dass der König beabsichtigte, in den Krieg zu
ziehen, und alle Boote beschlagnahmen ließ. Er hatte bereits Befehl gegeben, auch ihr Boot einzuziehen. Seine
Soldaten werden nun feststellen, dass das Boot fort ist und
weiterziehen. Danach kann das Boot unschwer wieder
heraufgeholt und repariert werden.

Was den jungen Mann anbelangt, so war zu befürchten,
dass er Verbrechen begehen würde und durch sein Unrecht seinen Eltern, die gute Leute waren, großes Leid
bringen würde. Aber Gott gewährte ihnen, dass sie noch
einen Sohn bekommen sollten, einen, der besser war.

Die Mauer befand sich auf dem Besitz zweier Waisen,
die im Dorf bei einem Vormund lebten. Ihr Vater, ein guter und gerechter Mann, hatte unter der Mauer einen
Schatz für seine Söhne verborgen. Wäre die Mauer nun
eingestürzt, ehe die beiden ihre Volljährigkeit erreicht hätten, hätten die hartherzigen Bewohner der Stadt den
Schatz entdeckt und die Waisen wären um ihr rechtmäßiges Erbe gebracht worden.«

Dies war Khidrs Erklärung. Und er fügte noch hinzu:
»Gottes Weisheit entzieht sich der menschlichen Berech-
nung. Es ist nicht immer alles so, wie es scheint, manches
verbirgt sich hinter Widersprüchen: Was Verlust zu sein
scheint, kann in Wirklichkeit Gewinn sein. Was Grausamkeit zu sein scheint, kann in Wirklichkeit Barmherzigkeit
sein, und Gutes für Böses zu geben, muss nicht immer ein
Zeichen von Freigebigkeit sein, es kann einfach nur Gerechtigkeit bedeuten!«

2. Der große Fisch

Yunus' Mission betraf die Hauptstadt Niniveh. Eine prächtige Stadt, jedoch ein verruchter Ort, an dem Niedertracht, Verderbtheit und Betrug regierten und das Verbrechen überhand nahm. Mit selbstgefertigten Götzen betrog man die einfachen Leute. Yunus nahm einen Anlauf, zu tun, was er tun sollte. Nur, wo sollte er anfangen? Er wollte ehrlich zu ihnen reden. Er stellte sich auf die Plätze und Straßen der Stadt und versuchte, zu den Leuten zu sprechen. Doch sie achteten gar nicht auf ihn. Anfangs gingen sie grinsend vorbei, nannten ihn bald einen Spinner und schließlich begannen die Feindseligkeiten gegen ihn. Kaum, dass er es begonnen hatte, wurde er denunziert, bedroht, verlacht, zurückgewiesen – kurz, man wollte nichts von ihm wissen.

Nachdem seine ersten Warnungen nicht gehört worden waren und er nur Feindseligkeit geerntet hatte, beschloss er, es sein zu lassen. Vielleicht fehlte Yunus die Geduld anderer Propheten, denen es ähnlich ergangen war, vielleicht gab er der Sache wenig Chancen, da er die Stadt und ihre Bewohner wohl kannte – welches auch immer sein Grund war, statt dass er auf seinem Posten blieb und seinen eigenen Willen eins werden ließ mit dem Willen dessen, der sein Los bestimmte, statt die Menschen von Niniveh dazu zu bringen, dass sie erkannten, was sie da taten, und sie zu bewegen, sich um Gottes Vergebung zu bemühen, beschwor er Gottes Zorn auf sie herab – und lief fort aus Niniveh.

Im Zorn brach er auf; wie ein Sklave, der aus seiner Gefangenschaft entkommen will, floh er. Er eilte, nur fortzukommen, als könnte man Allahs Plan entfliehen! Es war ein vollgeladenes Lastschiff, das als Nächstes auslaufen sollte.[38] Man war bereit, ihn mitzunehmen. Das wohl überladene Schiff kam in schweres Wetter und drohte zu kentern. Da bestanden die abergläubischen Seeleute darauf, das Los über die Besatzung zu werfen, um die vermeintliche Ursache ihres Unglücks auszumachen. Im Allgemeinen schrieb man solches Unglück entlaufenen Sklaven zu, die das Pech angeblich nur so anziehen sollten.

Das Los fiel auf Yunus, und man warf ihn im tobenden Sturm über Bord in die turmhohen Wellen. Bald darauf legte sich der Sturm. Yunus versank in den Fluten. Da kam ein großer Fisch und schluckte ihn. Hut, so heißt es im Arabischen: Ein großer Fisch. Walfisch kann es auch bedeuten, und sogar: Krokodil.

Yunus war nun zwar im Bauch des Fisches, aber er war am Leben geblieben, und er bereute. Vielleicht würde er nie wieder aus diesem Fisch herauskommen, vielleicht im Fischmagen ertrinken oder zu guter Letzt gar verdaut werden. Da saß er nun in der dunkelsten Tiefe seines lebendigen Gefängnisses, in das er sich selbst manövriert hatte, und es tat ihm Leid, wie alles gekommen war. Zumal es ja kein unnützer Auftrag war, den er bekommen hatte. Vielleicht hätte es nur mehr Geduld, mehr Anstrengung gebraucht. Kurz, er bereute und rief: »Es gibt keinen Gott außer Dir! Lob und Preis sei Dir! Ich habe gefehlt!« *(Qur'an 21:87)*

Da wurde ihm vergeben. Hätte er aber nicht bereut, so wäre der Fisch gewiss sein Grab geworden, das er vor dem Tag des Jüngsten Gerichts nicht mehr verlassen hätte. So aber wurde er von dem Fisch wieder ausgespien – und an einem einsamen kahlen Strand angespült.

Ihm war übel, veständlicherweise brauchte er frische Luft und etwas Ruhe, um zu sich zu kommen. Und wie er da lag, völlig erschöpft, unfähig, sich zu erheben, schoss direkt neben ihm eine schnellwüchsige Pflanze aus dem kahlen Boden, breitete ihre schattenspendenden Blätter über ihm aus und bot ihm so Schutz vor der sengenden Sonne. Vielleicht war es eine Art seltsames Kürbisgewächs, denn im Nu trug es Früchte, die auch sogleich reiften. Früchte, von denen er sich ernähren konnte und die ihn stärkten.

Yunus, der im Arabischen auch Dhu'l Nun – ›Der Mann des Fisches‹, genannt wird, kam zu Kräften und wurde erneut gesandt, seine Mission zu erfüllen. Erfrischt und gestärkt wandte er sich ihr wieder zu.

Im Alten Testament wird Niniveh als eine Großstadt beschrieben, in der hunderttausend oder mehr Menschen *(AT, Jonah IV, 11)* lebten und die sich über drei Tagesreisen hin erstreckte *(AT, Jonah III, 3)*, d. h. über etwa 70 km. Niniveh war eine große, prächtige Stadt, die sich wie Babylon der Sünde ergeben hatte, aber dieses Mal war für Yunus alles anders als beim ersten Mal.

Die Leute hörten ihm auf einmal zu. Er hatte Erfolg mit seiner Mission, und so gelang ihm, was vielen Propheten nicht geglückt war: Das Volk von Niniveh wandte sich wieder dem Einen Gott zu und glaubte und so wurde es nicht vernichtet wie andere Völker, die nicht auf ihre Propheten gehört hatten.

Zumindest zwei Jahrhunderte lang währte es, dann nahmen Sünde und Negativität so zu, dass die Stadt daran zugrunde ging. *(siehe auch: Qur'an: 6.86, 10:98, 21:87–88, 27:44, 37:139–148, 68:48–50)*

3. Das Wunder von den Fischen und den Brotlaiben

»O 'Isa ben Mariam, vermag dein Herr uns einen Tisch vom Himmel herabzusenden?« *(Qur'an 5:115)* lautete die Frage, die 'Isa, Sohn Mariams, von seinen Schülern gestellt wurde.

Al-Baidawi führt dies folgendermaßen aus: »Als Isa dieses Wunder auf Verlangen seiner Jünger von Gott erbeten hatte, senkte sich ein roter Tisch zwischen zwei Wolken vor ihnen auf die Erde nieder. Daraufhin stand Isa auf, vollzog die Waschung, betete und zog dann das Tuch fort, das den Tisch bedeckte. Dabei sprach er: ›Im Namen Gottes, der uns am besten mit Nahrung versorgt.‹« Al-Baidawi zufolge sollen sich auf diesem Tisch neun Laibe Brot und neun Fische befunden haben. *(Qur'an 5:115–118, Johannesevangelium 6.5–6.15)*

Anderen Quellen zufolge sollen auf dem Tisch auch Früchte des Paradieses gewesen sein, ein fertig zubereiteter Fisch ohne Gräten und Schuppen, vor Fett triefend, sowie fünf Brotlaibe.

Von diesem Fisch sollen tausenddreihundert Männer und Frauen, alle bedürftig oder krank, gespeist worden sein, und jeder, der von dem Fisch gegessen hatte, war von seiner Krankheit geheilt oder seinem Unglück befreit.

(Überlieferung)

4. Der lebensrettende Fisch

Auf einer seiner Reisen in Indien begegnete Nasrudin eines Tages ein Einsiedler, der friedlich und entrückt vor dem Eingang einer Hütte saß. Eine derartige Ruhe und Gelassenheit umgab ihn, dass Nasrudin in den Sinn kam, so ein heilig anmutender Mann wie dieser könnte doch einiges mit einem Philosophen wie ihm gemein haben. So begann er ein Gespräch mit dem Yogi.

»Als Yogi widme ich mich dem Dienst an allen lebenden Wesen, und ganz besonders den Vögeln und Fischen«, sagte der Einsiedler.

»Oh!«, rief Nasrudin. »Deshalb fühle ich mich so von deiner Gesinnung angezogen! Denn einst rettete ein Fisch mein Leben.«

»Wie wundersam!«, sagte da der Yogi. »Mit Freuden will ich Gemeinschaft mit dir pflegen. In all den Jahren, in denen ich mich der Sache der Tiere verschrieben habe, ist mir bislang keine solch innige Vereinigung mit ihnen gewährt worden. Ein Fisch, der dein Leben rettete! Dies bestätigt unsere Lehre, der zufolge das Tierreich untereinander verbunden ist.«

So verbrachten sie einige Zeit miteinander, während der Nasrudin seinen Nabel betrachtete und alle möglichen Körperübungen erlernte. Nachdem einige Wochen ins Land gegangen waren, bat der Yogi Nasrudin, ihm doch von seiner Erfahrung mit dem Fisch zu berichten und er fügte bescheiden hinzu: falls er sich dazu in der Lage sehe.

Nasrudin jedoch zögerte. »Nun, nachdem ich dich besser kennen gelernt habe und mehr über dich weiß und was du denkst, bin ich mir da nicht mehr so sicher!«

Aber der Yogi drängte ihn, mit Tränen in den Augen, nannte ihn ›Meister‹ und legte seine Stirn vor ihn in den Staub.

Nasrudin seufzte: »Nun gut, wenn du so darauf bestehst! Obwohl, ich bin mir nicht sicher, ob du – um deine Sprechweise zu gebrauchen – für das, was ich dir enthüllen kann, bereit bist: Daran, dass ein Fisch mein Leben rettete, besteht kein Zweifel: Ich war am Verhungern, als ich ihn fing, und er versorgte mich drei Tage lang mit Nahrung!«

(Türkische Volkserzählung)

IX.

Was kreucht und fleucht

Für eine Biene ist Gott etwas, das zwei Stachel hat!

(Arabisches Sprichwort)

Nimm aus Güte eine Biene in die Hand und erfahre die
Grenzen der Güte. *(Arabisches Sprichwort)*

Zwei Arten Bienen nähren sich von derselben Blume,
doch von der einen kommt Honig, von der anderen nur
ein giftiger Stich. *(Masnavi, Vers 269)*

Wir sind wie die Bienen und unsere Körper wie das
Wachs *(Masnavi, Vers 1821)*

Und dein Herr lehrte die Biene ihre Waben in den
Bergen,
auf Bäumen und bei den Wohnstätten der Menschen
zu bauen.
Sich dann von all den Produkten (dieser Erde) zu nähren.
Und mit Gewandtheit die ausgedehnten Wege ihres
Herrn zu finden:
Denn aus ihren Körpern sprießt ein Trank in verschiedenen
Farben,
in diesem ist Heilung für den Menschen.

(Qur'an 16:68–69)

Für die Ameise ist ein Nieselregen ein Wolkenbruch.

(Arabisches Sprichwort)

Den ganzen Sommer lang sammelt die Ameise
ihre Nahrung für den kommenden Winter.

(Saadi, Gulistan VII, 19)

Da gibt einer seine warme Decke fort – aus lauter Angst
vor Flöhen! *(Arabisches Sprichwort)*

1. Die Spinne und das Taubenpaar

Seit dem frühen Morgengrauen tagte die Versammlung der Männer der Quraysh. Wenn einige auch recht zögerlich waren, so schien ihnen Abu Jahls Plan doch die beste Lösung ihres Problems: Muhammad, den Propheten, aus dem Weg zu schaffen.

Der Plan sah vor, dass jeder Stamm einen starken und verlässlichen jungen Mann stellen würde, und zum gegebenen Zeitpunkt würden sie alle gemeinsam über Muhammad herfallen. Jeder Einzelne von ihnen würde ihm einen tödlichen Hieb versetzen, so dass sein Blut von allen Stämmen vergossen worden wäre. Den Bani Hashim, dem Stamm Muhammads, würde es unmöglich sein, an ihnen allen Rache zu nehmen, und so wären sie gezwungen, das Blutgeld zu akzeptieren.

Es geschah nun aber, dass der Engel Jibril zum Propheten kam und ihm sagte, was zu tun war. Daraufhin begab sich der Prophet unverzüglich zum Haus von Abu Bakr. Es war Mittagszeit, eine im heißen Wüstenklima ungewöhnliche Zeit für Besuche. Da wusste Abu Bakr, dass etwas Ungewöhnliches geschehen sein musste.

»Gott hat mir gestattet, die Stadt zu verlassen und auszuwandern«, sagte Muhammad.

»Zusammen mit mir?«, fragte Abu Bakr.

»Zusammen mit dir«, antwortete Muhammad.

Seine siebenjährige Tochter Aisha und ihre ältere Schwester Asma waren gerade bei ihm und Aisha pflegte später, wenn sie sich an die Begebenheit erinnerte, anzumerken: »Vor diesem Tag wusste ich nicht, dass man aus

Freude weinen kann – ehe ich nicht Abu Bakr bei diesen Worten vor Freude weinen sah.«

Nachdem Muhammad und Abu Bakr besprochen hatten, was zu tun war, kehrte der Prophet in sein Haus zurück, um dort seinem jungen Neffen 'Ali von der Verschwörung der Quraysh gegen ihn, der Begegnung mit Jibril und seiner bevorstehenden Auswanderung nach Yathrib, der Stadt, die später nur noch Medina – ›die Stadt‹ hieß, zu berichten.

Der Prophet hatte von seinen Stammesleuten den Ehrennamen ›al-Amin‹ – der Vertrauenswürdige – erhalten, und selbst die, die nicht an ihn und seine Mission glaubten, pflegten ihm ihr Hab und Gut zur Aufbewahrung anzuvertrauen. Und so bat er seinen Neffen, erst einmal in Mekka zurückzubleiben und die aufbewahrten Güter ihren Eigentümern zurückzuerstatten.

Die jungen Männer, die ausgewählt worden waren, Muhammad zu töten, hatten vereinbart, sich nach Einbruch der Dunkelheit am Tor vor Muhammads Haus zu treffen. Als sie die Stimmen der Frauen des Hauses hörten, die bis zu ihnen hinausdrangen, fiel ihnen auf, dass es sie beim Volk der Araber für immer und ewig ins Unrecht setzen und ihren Namen Schande bereiten würde, wenn es hieß, dass sie des Nachts heimlich die Mauer überstiegen und in die Gemächer fremder Frauen eingedrungen wären... So beschlossen sie, lieber zu warten, bis ihr Opfer das Haus verlassen würde.

Im Haus nahm Muhammad währenddessen ein Gewand, in dem er zu schlafen pflegte, gab es 'Ali und sagte: »Schlaf du auf meinem Bett, in dieses grüne Hadrami-Gewand von mir gehüllt. Schlaf darinnen, und es wird dir von denen kein Unheil widerfahren!«

Darauf rezitierte er die Sure *Ya Sin* und als er bei der Stelle: »Wir haben sie eingehüllt, so dass sie nicht sehen können« *(Qur'an 36:9)* angelangt war, ging er mitten durch ihre Gruppe hindurch, ohne dass sie ihn bemerkt hätten, und kehrte zu Abu Bakr zurück, der ihn bereits mit zwei fertig gesattelten Kamelen erwartete. Eines war für Muhammad, das andere für Abu Bakr und seinen Sohn Abd Allah. Sie zogen etwa drei Meilen weit nach Süden, in Richtung Jemen, zum Berg von Thawr. In ihrem Gefolge war Amir ibn Fuhayrah, ein Sklave, den Abu Bakr freigelassen und mit dem Hüten seiner Schafe betraut hatte. Dieser folgte ihnen mit seiner Herde und verwischte ihre Spuren.

Als sie am Berg von Thawr angelangt waren und eine Höhle gefunden hatten, die ihnen Schutz bot, sandte Abu Bakr seinen Sohn mit den Kamelen zurück nach Hause. In der darauffolgenden Nacht kehrte Abd Allah zurück und mit ihm Asma, seine Schwester, die ihnen Essen brachte. Sie berichteten, dass eine hohe Belohnung, hundert Kamele, auf die Ergreifung Muhammads ausgesetzt worden waren.

Es war am dritten Tag, ein Taubenpaar umflatterte gurrend und schnäbelnd die Höhle, als sie zahlreiche Stimmen hörten, die näher kamen.

Da sagte Abu Bakr: »Wir sind nur zu zweit!«

»Bekümmere dich nicht, denn Gott ist mit uns« *(Qur'an 9:40)*, sagte der Prophet. Und fuhr fort: »Was denkst du von Zweien, wenn Gott als Dritter bei ihnen ist?« *(Bukhari, LV II, 5)*

Dieses Wissen verlieh ihren Herzen tiefen Frieden. Die Kräfte, die ihnen halfen, waren nicht sichtbar, aber ihre Macht war unbezwingbar.

Sie hörten Stimmen direkt am Eingang der Höhle und konnten verstehen, wie die Männer dort beschlossen, weiterzugehen; offenbar hielten sie es nicht für erforderlich, in der Höhle zu suchen. Nachdem Muhammad und Abu Bakr sicher sein konnten, dass sie schließlich fort waren, und sie aus der Höhle treten wollten, stellten sie fest, dass das Taubenpärchen in der kurzen Zeit ein Nest im Eingang der Höhle gebaut hatte und die Taube bereits brütend darin saß. Der Eingang wurde von einem mannshohen Akazienbaum, der am Morgen dort noch nicht gestanden hatte, fast ganz verdeckt. Und eine Spinne hatte ihr Netz wie einen Schleier vor den Eingang der Höhle gewoben.

2. Die Spinne

Hast du die Spinne je beobachtet? Ihr zugeschaut, mit welch phantastischer Beschäftigung sie ihre Zeit zubringt?

Rasch und umsichtig spinnt sie ihr wunderbares Netz, das sie für ihre Zwecke braucht. Kaum dass die ahnungslose Fliege sich in ihrem Netz verfing, da ist die Spinne schon herbeigeeilt, dem Tierchen das Blut auszusaugen. Seinen Körper lässt sie austrocknen, um Nahrungsvorräte anzulegen.

Doch wie oft kommt der Hausherr mit einem Besen, und im Nu sind alle drei: Spinne, Netz und Fliege, fort!

Das Netz ist die Welt und die Fliege die Nahrung, die Gott für den Menschen bereitgestellt hat. Und sollte dir selbst die ganze Welt zufallen, so kannst du sie in einem einzigen Augenblick schon wieder verloren haben! So strebe nicht nach Macht und Rang, es sei denn, du hättest das Gehirn eines Esels gegessen!

Für wen Trommeln und Flaggen ein Zeichen hoher Würde sind, der wird niemals Derwisch werden. Beschreite den Weg Gottes und mache dich auf zu Seinem himmlischen Hof. Sobald du auch nur einen Blick darauf erhaschst, wirst du nicht mehr am Flitterglanz dieser Welt hängen. *(Fariduddin Attar, Mantiq at-Ta'ir)*

3. Das Haus der Spinne

Das Haus der Spinne gilt als eines der Zeichen, die Gott in Seiner Schöpfung gesetzt hat: »Das Gleichnis derer, die Beschützer außer Gott annehmen, ist das der Spinne, die sich ein Haus baut. Aber für gewiss, das Haus der Spinne ist das windigste aller Häuser. Wollten sie es doch verstehen!«, heißt es im Qur'an. *(Qur'an 29:41)*

Es ist gesponnen aus Fäden fein wie Seide, die die Spinne in ihren Körperdrüsen produziert. So viele Arten von Spinnen, so viele verschiedene Spinnenbehausungen gibt es. So auch, das röhrenförmige Nest oder Netz: ein Haus aus Seidenfäden mit ein oder zwei Falltüren, das sich als Wohn- oder Familiensitz der Spinne bezeichnen lässt.

Dann gibt es das gewöhnliche Spinnennetz, das aus Fäden besteht, die von einem zentralen Punkt strahlenförmig in alle Richtungen ausgehen und auch als Halte- und Verbindungsstränge für die ringförmig, konzentrisch angeordneten Fäden dienen. Dies ist das Jagdnetz. Seine Struktur ist ein Inbegriff von Ökonomie und Effektivität was Zeit-, Material- und Kraftaufwand anbelangt.

Verfängt sich ein Insekt im Netz, teilt sich dies der Spinne durch die Vibrationen des Netzes unverzüglich mit, so dass sie herbeieilen und ihre Beute töten kann. Für den Fall, dass die Beute stark und groß ist, ist die Spinne mit

Giftdrüsen ausgestattet, mittels derer sie den Fang sedieren und töten kann.

Sie selbst sitzt entweder in der Mitte ihres Netzes oder verborgen unter einem Blatt oder einer Ritze. Aber immer ist da ein einziger dünner Faden, der sie mit ihrem Netz verbindet. Dafür, dass die Fäden der Spinne so zart und dünn sind, ist ihre Belastbarkeit enorm. Und doch sind sie vom Standpunkt des Menschen aus gesehen hauchdünn und leicht reißbar.

Ebenso ergeht es dem Menschen, der sich auf seine eigene Stärke und seine materiellen Ressourcen verlässt, wie stark, verlässlich oder schön sie ihm auch vorkommen mögen. So kunstvoll und stabil die Architektur der Spinne auch gefertigt sein mag, schon eine leichte Handbewegung des Menschen reicht, sie fortzufegen.

Das Gift in den verborgenen Drüsen ist wie das verborgene Gift in unserer Welt. Mag diese einem auch schön oder gar sicher erscheinen – was auch immer es ist, es trägt den verborgenen Samen des Todes in sich. In seiner Ignoranz baut der Mensch seine Hoffnungen auf ebenso windige, materielle und unsubstantielle Dinge wie ein Spinnennetz.

Die Spinnenfrau ist wesentlich größer als das Männchen, und so ist die Spinne im Arabischen – al-'Ankabut – weiblichen Geschlechts.

Gleichnisse sind oft so einfach, dass man sie leicht als simpel und offensichtlich abtut, als Geschichten aus Kindertagen, die man ja längst kennt. Und doch tragen diese Geschichten verborgene Ebenen in sich, die sich dem Sucher nach Wissen entfalten, wenn er sich bemüht, sie neu zu betrachten, lässt er nur einen Funken des Lichts der Wirklichkeit darauf fallen.

Der Ameise schnürte Er die Taille, so dass sie einem Haare
glich,
und gab sie Suleiman zur Gefährtin.
Er schenkte ihr die schwarzen Kleider der Abbasiden
und ein Gewand aus ungewebtem Brokat, eines Pfauen würdig.
Zuweilen überträgt Er die Macht Suleimans einem Stab,
zuweilen gewährt Er der Ameise die Gabe der Rede.

(Fariduddin Attar, Mantiq at-Ta'ir)

4. Die weise Ameise

Suleiman beherrschte nicht nur all die Sprachen der Menschen, sondern auch die der Tiere, die des Windes und die
der Dschinnen – ja es hieß sogar, er sprach die Sprache aller
geschaffenen Kreatur. Er war gerecht und weise, er verstand die Vögel, die Tiere und die Pflanzen, und nicht zuletzt die Menschen. Ihm war von allem etwas gegeben und
zudem verfügte er über ein spirituelles Verständnis, das ihn
Gott nahe sein ließ.

Die Kommunikation über das gesprochene Wort ist eine andere als die Kommunikation, wie sie unter den Tieren und Vögeln erfolgt, wobei außer Frage steht, dass
Kommunikation unter ihnen stattfindet. Um dies verstehen zu können, braucht man bloß einen bewussten Blick
auf die Formation und den geordneten Flug der Zugvögel
zu tun oder Tiere zu beobachten, die in Gemeinschaften
leben.

Als König hatte er Macht und Autorität, sein Einfluss
reichte weit über die Grenzen seines Reiches hinaus und er
nutzte dies, um sein Königreich auszudehnen. Er befahl
nicht nur über ein gewaltiges Heer menschlicher Soldaten,
sondern auch über Heere der Dschinnen und Vögel. Und
doch war er in der Lage, auf etwas so Unbedeutendes wie

eine winzige Ameise zu hören und ihre Weisheit und Tapferkeit zu schätzen. Dafür war er dankbar, denn er war sich dessen bewusst, dass es Gott war, der ihm all dies gegeben hatte.

Eines Tages hatte Suleiman seine Heerscharen aufmarschieren lassen; seine Heere der Menschen, der Dschinnen und Vögel, allesamt wohlgeordnet, ein jeder aufgestellt nach seinem Rang.

So marschierten sie los, in Reih und Glied. Auf ihrem Marsch kamen sie in ein Tal. Dort hatten Ameisen ihre Burg gebaut und waren nach Ameisenart emsig damit beschäftigt, zahlreiche Arbeiten auszuführen: Nahrung zu finden und einzulagern, Gänge zu bauen, Eier zu legen, Larven zu füttern und mehr.

Auch die Ameisen leben in einer wohlgeordneten und gegliederten Gemeinschaft, einem disziplinierten Staatengefüge, dessen Koordination bestmögliche Resultate erlaubt. So gewahrte eine der Ameisen die Gefahr, die ihnen von Suleimans nahendem Heer drohte, und sie rief so laut sie nur konnte: »Ameisen, eilt in eure Gänge und Behausungen, damit nicht Suleiman mit seinem Heer euch zertritt, ohne es zu bemerken!«

Suleiman aber, der in all seinem Prunk und seiner Macht mit den wirklich großen Dingen dieser Welt befasst war, war davon doch nicht so eingenommen, dass er umsichtig genug war, nicht auf eine Ameise zu treten; auch nicht versehentlich. Er hatte die warnende Stimme der Ameise vernommen. Lächelnd befahl er seinem gewaltigen Heer anzuhalten und er dankte Gott für die Gaben, die Er ihm und seinen Eltern gewährt hatte. Und er bat Ihn um Unterweisung, damit er stets das Richtige tun möge und in die Reihen der Diener Gottes aufgenommen würde.

5. Die Ameisen und die Feder

Eines Tages krabbelte eine Ameise über ein Stück Papier, das gerade beschrieben wurde und so bemerkte sie, wie eine Schreibfeder säuberlich schwarze Linien zog.

»Wie wunderschön!«, rief sie aus. »Dieses bemerkenswerte Ding führt ein Eigenleben und auf dieser wunderbaren Oberfläche kritzelt es mit einer solchen Ausdauer und Energie, die den Anstrengungen aller Ameisen der Welt gleichkommt. Und was es da kritzelt sieht auch noch aus, als seien es Ameisen! Nicht bloß eine, sondern als rennten Tausende von Ameisen gemeinsam!«

Als sie einer anderen Ameise von ihren Eindrücken berichtete, zeigte diese ebenfalls großes Interesse und lobte die erste Ameise für ihre Beobachtungsgabe und ihre Überlegungen.

Bald jedoch tauchte eine weitere Ameise auf und griff in die Unterhaltung ein: »Durch eure Überlegungen aufmerksam geworden, habe ich diesen seltsamen Gegenstand näher in Augenschein genommen und festgestellt, dass er nicht der eigentliche Meister dieses Werkes ist. Was ihr übersehen habt, ist dass diese Schreibfeder zu anderen Dingen gehört, die sie umfassen und führen. Diese sind als der eigentliche Antriebsfaktor zu sehen, und ihnen gebührt die Anerkennung.« Auf diese Weise wurden die Finger von den Ameisen entdeckt.

Es verging eine ganze Weile, da kletterte eine Ameise über die Finger und stellte fest, dass diese zu einer Hand gehörten. Sie erforschte dies genau, indem sie nach Art der Ameisen ausgiebig darauf herumkrabbelte. Als sie schließlich zu ihren Artgenossen zurückkehrte, berichtete sie von ihrer Entdeckung, dass die Finger keine eigenständigen Gegenstände waren, sondern Teil eines größeren Objektes, das sie in Bewegung setzte – die Hand nämlich.

Nicht lange, da entdeckten die unermüdlichen Ameisen, dass die Hand zu einem Arm gehörte und der Arm zu einem Körper. Sie stellten fest, dass es zwei Hände gab und zwei Füße, wobei Letztere aber nicht schrieben.

Die Ameisen forschen weiter. Von der Mechanik des Schreibens haben sie inzwischen zwar eine recht klare Vorstellung, die Bedeutung des Schreibens aber, seinen Zweck und wie es letztendlich kontrolliert wird, werden sie mit ihren Untersuchungsmethoden nicht herausfinden.

(Rumi)

6. Die Mücke und der Tyrann

Mücken, die sich zusammenrotten,
werden einen Elefanten besiegen –
ungeachtet seines Mutes, seiner Größe und Macht.
Ameisen werden, wenn sie gemeinsam vorgehen,
vom wilden Löwen kein Haar übrig lassen.

(Saadi, Gulistan III, 27)

Vor etwa viertausend Jahren lebte in der Stadt Ur im Zweistromtal ein Mann namens Azar. Ur war damals eine prächtige Stadt mit vornehmen Häusern, breiten gepflasterten Straßen, mit vielen kühlen Brunnen, ja es gab sogar Leitungen, durch die das Wasser rann. Reiche Kaufleute und berühmte Gelehrte lebten in dieser Stadt, in der es Hochschulen, Theater und Bibliotheken gab.

Es war eine Blütezeit der Wissenschaften, es gab zahlreiche berühmte Gelehrte und Astrologen, die die beste Zeit für Aussaat und Ernte, für Hochzeiten und wichtige Entscheidungen berechnen konnten. Doch mit der Zeit entwickelte sich aus dieser Wissenschaft ein Aberglaube. Anfangs dienten ihnen Sonne, Mond und Sterne als Ausgangspunkt für ihre Berechnungen, dann aber erhoben sie die Gestirne in den Rang von Göttern, als seien sie es, die über das Schicksal der Menschen bestimmten.

Azar war ein über alle Maßen angesehener Mann. Von Beruf war er Götzenmacher und er fertigte die allerschönsten Statuen aus Holz, Ton und Stein. Auf Wunsch verzierte er sie auch mit kostbaren Edelsteinen und malte ihnen goldene und silberne Gewänder.

Er hatte einen Sohn namens Ibrahim, der sich wie alle Jungen für den Beruf seines Vaters interessierte, aber da war etwas, das er nicht verstand: Waren die Statuen seines Vaters auch noch so schön und edel, so blieben sie doch leblos, ja nicht einmal die ihnen geopferten Speisen rührten sie an. Und so sagte er zu seinem Vater: »Aber schau, sie bewegen sich doch nicht!« Und ein andermal: »Nimmst du dir Götzen als Götter?« *(Qur'an 6:74)* Und Azar lachte über das unverständige Kind.

Ibrahim wuchs heran und studierte die Wissenschaften seiner Zeit und beobachtete selbst die Himmelskörper. Und je mehr er sich damit befasste, umso mehr ahnte er von der geistigen Welt, die hinter den Kräften und Gesetzen des Kosmos verborgen war und durch sie hindurchschien.

Es dauerte nicht lange, da erlangte er Gewissheit: Als er eines Nachts wie so oft die Sterne beobachtete, da fiel ihm in der Dunkelheit der Nacht ein hell strahlender Stern auf und er sagte: »Dies ist mein Herr.« *(Qur'an 6:76)* Als dieser dann aber unterging, sagte er: »Ich liebe nicht die, die untergehen!« *(Qur'an 6:76)*

Als er anderntags den Mond in all seinem Glanz aufgehen sah, sagte er: »Dies ist mein Herr.« *(Qur'an 6:77)* Aber auch der Mond, der größer und heller scheint als die Sterne, ja stündlich seine Gestalt verändert, auch er ging unter. Nein, Ibrahim suchte nach etwas Verlässlichem und bat um Führung.

Da ging die Sonne auf in all ihrer Pracht. Aber auch sie, die uns als die Größte unter den Himmelskörpern erscheint, auch sie ging unter.

Ibrahim sah die Himmelskörper aufgehen, er sah sie untergehen, und was er sah, waren die Zeichen Gottes, der die Sterne nach seinen Gesetzen auf- und untergehen lässt.

Da erfüllte Gewissheit sein Herz und er wusste mit Sicherheit, dass er bereits mit dem Götterglauben seiner Vorfahren gebrochen hatte und frei war von den Vorstellungen seines Volkes. Dies ließ ihn auch frei sein von der Furcht seines Volkes, das in ständiger Ungewissheit lebte und in Furcht vor seinen selbstgeschaffenen Götzen.

Als er aber versuchte, sein Wissen mit seinem Volk zu teilen, stieß er auf völliges Unverständnis. Selbst sein eigener Vater wandte sich gegen ihn. Einige stritten mit Ibrahim, andere lachten ihn einfach aus. Da beschloss er, ihnen vorzuführen, wie machtlos ihre Götzen waren: »Bei Gott, was eure Götzen anbelangt, habe ich einen Plan – nachdem ihr gegangen seid und euren Rücken gekehrt habt.« *(Qur'an 21:57)* Am Tag des großen Festes entschuldigte er sich: »Mir ist übel« und nutzte die Gelegenheit, im Tempel allein und ungestört zu sein. Ungehindert zerschlug er die Götzen in Stücke, einen nach dem anderen – bis auf den größten, den ließ er unversehrt. Als der Schaden entdeckt wurde, war das allgemeine Entsetzen groß, ist die Anbetung von Götzen doch zugleich immer auch Anbetung des eigenen Ichs.

»Wer hat unseren Göttern das angetan?« *(Qur'an 21:59)*, fragten sich die Leute untereinander. Da entsannen sich einige der Drohungen des jungen Mannes. Ibrahim wurde geholt und befragt: »Ibrahim, bist du derjenige, der dies mit unseren Göttern gemacht hat?« *(Qur'an 21:62)*

Ibrahims Antwort war unerschrocken und voll Ironie: »Nein, seht doch, der Größte von ihnen hat es angerichtet!

Zudem: Was fragt ihr mich? Befragt sie doch selbst, auf dass sie euch antworten!«

»Du weißt doch selbst ganz genau, dass Götzen nicht sprechen!« *(Qur'an 21:65)*, sagten sie.

»Dann betet doch nicht etwas an, das euch nichts nützt!«, sagte er. »Betet ihr euer eigenes Werk an? *(Qur'an 37:95)* Anbetung gebührt alleine Dem, Der euch schuf und euch euer Werk möglich machte.«

»Verbrennt ihn!«, forderte da die aufgebrachte Menge. Und so warfen sie den gefesselten Ibrahim in die Flammen.

»Sei kühl und schütze Ibrahim!«, lautete Sein Befehl und da verbrannte das Feuer nur Ibrahims Fesseln, ließ ihn selbst aber unversehrt.

Am nächsten Tag war der Schock groß, denn Ibrahim stieg zum allgemeinen Entsetzen lebendig und wohlauf aus den Flammen. Von nun an gingen ihm die Leute aus dem Weg. Sie fürchteten ihn und sprachen nicht mehr mit ihm und seinen Getreuen. Allerdings trauten sie sich auch nicht mehr, ihm etwas anzutun, denn sie vermuteten, dass er einen mächtigen Zauber beherrschte, durch den es ihm gelungen war, sein Leben zu retten.

Eines Tages ging Ibrahim mit seinen wenigen Getreuen fort. Sie zogen durch die fruchtbaren Ebenen des Zweistromlandes zwischen Euphrat und Tigris mit seinen blühenden Städten, die ihnen ermöglichten, Handel zu treiben und handwerkliche Dienste anzubieten, bis sie schließlich nach Babylon kamen, wo der mächtige König Nimrud seinen berühmten hohen Turm hatte errichten lassen, der bis hoch in den Himmel aufragte.

So ungeduldig hatte Nimrud auf seine Fertigstellung gewartet, dass er schließlich hinaufstieg, noch ehe er ganz fertig gebaut war. Oben angelangt, nahm er seinen Bogen und schoss einen Pfeil in den Himmel: »Seht, jetzt habe ich

euren Gott getötet! Nun bin ich es, den ihr anbeten werdet!«, hatte er ausgerufen. Wie viele Herrscher vor ihm und
nach ihm litt er an dem bekannten Wahn.

Als Nimrud von der Ankunft der Fremden hörte, die an
den Einen Gott glaubten, den er beseitigt wissen wollte,
und ihre Zelte vor den Toren der Stadt aufgeschlagen hatten, ließ er sie zu sich rufen.

»Wer ist dein Herr?«, fragte er Ibrahim.

»Mein Herr ist der, der Leben und Tod gibt.« *(Qur'an
2:258)*

»Unsinn«, entgegnete Nimrud, »ich gebe Leben und
Tod!« *(Qur'an 2:258)*

Denn er hatte sich angewöhnt, so willkürlich wie es ihm
gerade in den Sinn kam, über das Leben seiner Untertanen
zu entscheiden.

»Aber es ist Gott, der die Sonne im Osten aufgehen lässt,
so lasse du sie doch im Westen aufgehen!«

Da erkundigte sich Nimrod vorsichtig nach der Streit-
macht der Fremden. Nachdem er sich vergewissert hatte,
wie gering diese war, sagte er mit einem bösen Lächeln:
»Möge der Stärkere von uns gewinnen!« und setzte den
Tag des Kampfes fest.

Es war noch vor Tagesanbruch, als eine Mücke den Weg
in sein Schlafgemach fand und durch sein Nasenloch in sein
Gehirn drang. Nimrud schrie. Den ganzen Tag lang schrie er
und den nächsten und den nächsten. Vierhundert Jahre lang
soll er gelitten haben, schreibt Attar in seinem *Mantiq at-Ta'ir*.

Es war grausig anzusehen. Mit der Hand schlug er sich
auf den Kopf, um sich Erleichterung zu verschaffen. An
Schlaf war nicht zu denken und er konnte keinen klaren
Gedanken mehr fassen. Er sehnte nur noch einen baldigen Tod und mit ihm die Erlösung von seinem Leiden herbei.

Nach Nimrods Tod fielen mächtige Feinde in das Reich ein und zerstörten die prächtigen Städte. Doch auch nach ihm gab es viele andere Nimrods.

7. Suleiman, die Stechmücke und der Wind

Eines Tages wurde der wandernde Derwisch Kazi Naim von einem armenischen Philosophen aufgefordert zu beweisen, dass Fabeln nicht nur zur Unterhaltung dienen oder dazu, sich moralische Inhalte einzuprägen.

Daraufhin erzählte Kazi Naim die Fabel von Suleiman, der Stechmücke und dem Wind aus dem *Masnavi* von Rumi, um zu illustrieren, dass eine »andere Welt« sichtbar würde, wenn man die Beschränktheit seiner eigenen Nichtigkeit erkenne. Die Anwesenden allerdings teilten seine Ansicht nicht nur nicht, sondern bezichtigten Kazi Naim, sie um ihre Unterhaltung gebracht zu haben. Man überließ ihn der Volksjustiz und der Mob steinigte ihn.

Dies ist eine historische Begebenheit, die sich im achtzehnten Jahrhundert in Astrachan zugetragen hat.

Die Fabel: An einem der Tage, an denen Suleiman Gericht hielt, kam eine Stechmücke an seinen Hof. »Großer Suleiman, Friede sei mit dir!«, entbot sie ihm den Gruß und brachte ihre Klage vor: »Ich ersuche dich um Genugtuung für all die Ungerechtigkeiten, die täglich an mir verübt werden!«

Woraufhin sie Suleiman, der Gerechte, aufforderte fortzufahren. »Bringe deine Beschwerde vor und sei versichert: Sie wird gehört werden!«

Da erhob die Stechmücke Klage gegen den Wind. »Wann immer ich mich ins Freie begebe, kommt der Wind und bläst mich fort, so dass mir keine Hoffnung bleibt, jene

Orte zu erreichen, die ich als mein rechtmäßiges Ziel erachte!«

Suleiman erwiderte: »Nach den Grundsätzen des geltenden Rechts kann keine Klage angenommen werden, ohne dass die Gegenpartei anwesend ist, um zu dem Anklagepunkt Stellung zu nehmen.« Er wandte sich an seine Höflinge und befahl: »Ruft mir den Wind, auf dass er sich verteidige.«

Im Nu kündigte eine leichte Brise das Nahen des Windes an. Die Brise wurde zu einem anschwellenden Rauschen. Da rief die Stechmücke: »Großer König! Ich ziehe meine Anklage zurück, denn der Luftzug dreht mich jetzt schon unentwegt im Kreise herum und ehe der Wind tatsächlich eingetroffen sein wird, werde ich weggeblasen sein!«

Unter diesen Umständen konnte der Rechtsfall nicht entschieden werden.

(Rumi)

8. Eine Fliege im Gefäß

Wenn eine Fliege in ein Gefäß mit Flüssigkeit fällt, dann taucht sie erst vollständig unter, bevor ihr sie herausnehmt und wegwerft. Denn in einem ihrer Flügel ist eine Krankheit, während im anderen Flügel ein Heilmittel dagegen ist!

(Hadith)

9. Der Junge und die Fliege

Ein Junge fing eine Fliege. Beseelt von Forscherdrang riss er ihr die Flügel aus, die Beinchen, trennte den Kopf vom Rumpf – und staunte. Er suchte und suchte, inspizierte all die einzelnen Teile: Wo war die Fliege, deren Geheimnis er lüften wollte, geblieben?

Da war keine Fliege mehr, die flog. Denn bei seiner Examinierung war ihm entgangen, dass es die Gesamtheit der nun voneinander getrennten Teile war, die die Fliege Fliege sein ließ. *(Lehrgeschichte)*

10. Die Motte, die Kerze und das Feuer

»O Kerze«, sprach die Motte. »Geduldig ertrage ich die Hitze deiner Flamme, wage es, mich dem sicheren Tod zu stellen! Sobald ich, getrieben von unstillbarer Sehnsucht nach Vereinigung mit dir, meiner Geliebten, dir nahe komme, setzt du mich lichterloh in Flammen! Und doch, wie könnte ich je von dir lassen?«

Da sprach die Kerze: »Verdamme mich nicht, o du mein Liebhaber! Denn wisse, ich erleide dieselbe Verzweiflung. Ist es doch nicht unüblich für einen wahren Liebenden, dass er sich verzehrt. Dass er jedoch auch seine Geliebte mitverzehrt – das ist wohl selten! Sieh meine Flamme, die mich liebt und sich seufzend nach mir verzehrt, lässt mich brennen und dahinschmelzen in ihrer Sehnsucht, mir nah und näher, ja eins mit mir zu sein, verschlingt sie mich!«

Da sprach das Feuer: »O du, die du verwirrt im Feuerschein meiner Strahlen erglühst, was klagst du in Anbetracht des süßen Augenblicks der Vereinigung? Glücklich, wer trinkt und mich zum Mundschenk hat! Glücklich, wessen Selbst von meinen unsterblichen Flammen verzehrt stirbt, den Gesetzen der Liebe zu gehorchen!« *(Al-Muqaddisi)*

11. Die Nachtfalter

Eines Tages versammelten sich die Nachtfalter, gequält von dem Verlangen, sich mit der Kerze zu vereinigen. Gemeinsam beschlossen sie, einen der Ihren auszusenden, damit er Auskünfte einhole über das Objekt ihrer Suche.

So machte sich der Abgesandte auf den Weg. Er gelangte zu einem Schloss, und aus den Fenstern des Schlosses heraus sah er den Schein einer Kerze leuchten. Da kehrte er um und berichtete von seinen Beobachtungen, so wie er sie verstanden hatte.

Doch der weise Nachtfalter, der die Versammlung leitete, war der Ansicht, dass jener nichts vom Wesen der Kerze begriffen habe. Also flog ein zweiter Nachtfalter zu dem Schloss. Dieser berührte die Flamme mit seinen Flügelspitzen, doch die Hitze trieb ihn in die Flucht. Da sein Bericht nicht befriedigender war als der des ersten Nachtfalters, flog ein Dritter aus.

Dieser Falter stürzte sich, berauscht von seiner Liebe, ins Feuer der Kerze. Freudig umfasste er die Flamme und vereinigte sich mit ihr. Er nahm sie ganz in sich auf, und sein Körper wurde so rot wie das Feuer.

Als der weise Nachtfalter, der ihn aus der Ferne beobachtete, sah, dass die Flamme und der Falter eins zu sein schienen, sagte er: »Jener hat erfahren, was wir wissen wollten. Jedoch er allein kennt nun das Geheimnis. Mehr gibt es hier nicht zu sagen!«   *(Fariduddin Attar, Mantiq at-Ta'ir)*

12. Allegorie von der Biene

Meine Nahrung sammle ich von den Blüten der Pflanzen und Bäume, ohne dass es diesen Schaden zufügt, denn ich nehme nur, wenn ich nicht das geringste Bedenken haben muss. Meine Nahrung ist eine helle, flüssige Substanz, feiner noch als der Morgentau.

Dann kehre ich zurück zu dem Bienenstock meines Volkes, dessen kunstvolle Zellen nachzubauen jedem menschlichen Baumeister zur Ehre gereichte.

Wachs, das in der wächsernen Kerze zur Mutter der Flamme wird, ist das Produkt meiner Arbeit, und der Honig, den ich produziere, die Essenz all meines Wissens und Könnens. Wachs dient der Illumination, Honig dient zum Labsal und als Balsam. Gesunde, leichte Nahrung; so erwarten den Aufrechten dereinst im Paradies »Ströme von Honig, rein und klar«. *(Qur'an 47:15)*

Wer jedoch versucht, mir meine Schätze gewaltsam zu rauben, wird den bitteren Schmerz meines Stiches kosten, denn ich verteidige die Schätze meines Volkes – und koste es selbst mein Leben!

(Al-Muqaddisi)

13. Biene und Wespe

Ein Weiser wurde gefragt: »Wie verhält es sich mit dem Weisen,
der predigt, aber selbst nichts von seinen Lehren praktiziert?«

Er antwortete: »Er ist wie eine Biene ohne Honig.«

Sag der heimtückischen Wespe:

»Da du keinen Honig gibst, so stich auch nicht!«

(Saadi, Gulistan VIII, 77)

14. Die Niederlage des Pharao

Als Pharao das Versprechen, das er Musa gegeben hatte, brach, und die Bani Israel nicht ziehen ließ, ahnte er nicht das Ausmaß des Fehlers. Im Bewusstsein all seiner Macht und Größe dachte er sich nicht besonders viel dabei. Zumal er glaubte nicht an diesen Gott, den Musa den Einen und Allmächtigen nannte und von dem er behauptete, Er sei mächtiger als er, der göttergleiche Pharao! Und so nahm er fälschlicherweise an, Musa zum Gegner zu haben. Aber was war das schon für ein Gegner – ein Abkömmling eines versklavten Volkes, mit dem er nach Belieben umspringen konnte.

Doch so war es nicht. Und so kam es, dass ausgerechnet er, der große Pharao, der sich für so mächtig und erhaben hielt, dass er sich von seinem Volk nach Pharaonenart als Gott anbeten ließ, nicht etwa von einem starken Feind in ruhmreichem Kampf besiegt wurde, sondern von etwas so unsäglich Unbedeutenden und Lästigen wie Heuschrecken und Fröschen.

Die Heuschrecken kamen in großen Schwärmen. Schwarm um Schwarm verdunkelte den Himmel, so viele waren es. Wie ein grüner Teppich senkten sie sich auf die Felder, und kaum hatten sie sich auf einem Feld niedergelassen, da war es auch schon kahl gefressen. Und sie ließen sich nicht nur auf Wiesen und Feldern nieder, nein, kein Garten, kein Baum, kein Strauch, den sie verschont, kein Heuschuber und kein Getreidesilo, das sie nicht leer gefressen hätten. *(vgl. AT, Exodus 10,1)* Nichts als wertloses Stroh ließen sie zurück.

Und die Frösche! Sie kamen aus dem Nil, in dem es von ihnen nur so wimmelte, und bald war da kein Ort mehr, an dem sie nicht herumhüpften, glitschten und quakten. Kein

Schlafgemach, keine Küche, kein Schrank, keine noch so verschlossene Truhe, in der sie nicht zu Hunderten saßen; ja, sie füllten sogar Backöfen und verschmutzten die Teigmulden für das tägliche Brot. *(vgl. AT, Exodus 7,26)*

In den Häusern lärmten die Frösche, so dass des Nachts nicht an Schlaf zu denken war. Dazu sirrten und zirpten die Heuschrecken, die ebenfalls in die Häuser drangen. Draußen traten sie zuweilen in solchen Massen auf, dass man den Erdboden nicht mehr sehen konnte, da sie alles bedeckten. Wollte man auf den Straßen umherlaufen, war man gezwungen, sich Tücher, Lappen oder den Ärmel vors Gesicht zu drücken, um die Heuschrecken nicht auch noch in Nase und Mund zu bekommen. Als die Verzweiflung und der Ekel kaum mehr größer werden konnten, da kamen die Heere der Läuse und quälten die Ägypter bei Tag und bei Nacht.

So sehr die Ägypter auf Musas vermeintliche Zauberei schimpften und behaupteten, er brächte ihnen Unglück, so sehr drängten sie ihren Pharao, den unerträglichen Zuständen ein Ende zu bereiten und auf Musas Forderungen einzugehen. Und nicht nur das Volk, auch der Hofstaat und seine eigene Familie lagen ihm in den Ohren.

Jedes Mal wenn die Plage schier unerträglich geworden war, sandte er nach Musa und versprach, die Bani Israel in Frieden mit ihm ziehen zu lassen. Aber sobald die Plagen aufgrund von Musas Gebeten aufhörten, war er sich nicht mehr sicher, ob sie tatsächlich durch Musas Intervention aufgehört hatten oder vielleicht doch von selbst? Und jedes Mal wollte er plötzlich nichts mehr von seinem Versprechen wissen.

Als Pharao die Bani Israel schließlich ziehen ließ, wählten sie nicht die große bevölkerte Straße am Mittelmeer entlang durch den Gazastreifen nach Canaan, denn sie waren unbewaffnet und wären eine leichte Beute gewesen, sondern durch das unwegige Sinaigebiet. Dazu mussten sie durch das sumpfige Ende des Roten Meeres, wo Pharaos Armee schließlich mit ihm ertrank.

15. Was ein Wurm die Dschinnen lehrte

Suleiman waren die Winde untertan; so auch der Morgen- und der Abendwind, von denen ein jeder jeweils über ein Gebiet hinwegeilte, das zu durchqueren einer Monatsreise gleichkäme.

Mit Erlaubnis ihres Herrn arbeiteten die Dschinnen für Suleiman und unter seiner Aufsicht. Sie arbeiteten nicht freiwillig, nicht so wie die Menschen, die sich als geübte Baumeister und einfache Handwerker, als Zimmerleute, Maurer und Steinmetze, mit Herz und Seele für den Tempelbau hart arbeiteten.

Den Dschinnen war die Arbeit eine Bürde, doch sie wussten, dass ihnen als Strafe das lodernde Feuer drohte, wenn sie versuchten sich zu entziehen. So wie Suleiman es wünschte, fertigten Sie arabeske Bögen, Bilder, riesige Kessel und Becken, die zur Waschung und als Reservoire dienten. *(vgl. AT, 2 Chronik)* Als Suleimans Lebenszeit abgelaufen war, starb er auf seinem Thron sitzend. Niemand bemerkte, dass er nicht mehr am Leben war, nicht einmal die Dschinnen, die mit ihrer Arbeit fortfuhren.

Erst nachdem ein kleiner Wurm den Stab, auf den er sich gestützt hatte, so weit angenagt hatte, dass er zu Boden fiel, sank Suleimans Körper in sich zusammen. Unverzüglich verließen die Dschinnen, die nicht um das Verborgene und Geheime wissen, sondern nur das sehen, was offensichtlich ist, ihre Arbeit und waren fort.

(siehe auch: Qur'an 34:12–14)

16. Der Tausendfüßler

Ein Mann ohne Hände und Füße tötete einen Tausendfüßler.

Ein Sheikh, der vorüberkam, sagte: »Gelobt sei Gott!
Dieser Tausendfüßler mit seinen tausend Füßen konnte einem ohne Hände und Füße nicht entkommen, denn seine
ihm bestimmte Zeit war gekommen!«

(Saadi, Gulistan III, 24)

X.

Schlange, Ratte und Skorpion

In einem anderen Zustand wird durch göttliche Trans-
formation das Gift der Schlange süß und bekömmlich.
Im einen Zustand ist es Gift, im anderen Medizin.
Im einen Zustand ist es Gotteslästerung, im anderen
richtig und angemessen.
Obwohl es dort das Leben gefährdet, wird es hier zum
Heilmittel.
Wenn der Meister Gift trinkt, wird das Gift zum Honig.
Wenn aber der Suchende es trinkt, verdunkeln sich seine
Sinne. *(Rumi, Vers 2609)*

Ein Narr, wer Barmherzigkeit
gegenüber einer Schlange zeigt,
denn sie ist ungerecht mit den Söhnen Adams.
(Saadi, Gulistan VIII, 18)

Bis endlich das Gegengift aus dem Irak herbeigeschafft ist,
wird der von der Schlange Gebissene tot sein.
(Saadi, Gulistan I, 16)

Die Schlange beißt den Fuß des Dörflers aus Angst
vor dem Stein, den sie erwartet. *(Saadi, Gulistan I, 8)*

Der Schlange Kind ist der Schlange kostbar.
(Arabisches Sprichwort)

Ein Feuer zu löschen, die glimmende Asche aber zu lassen,
oder eine Natter zu töten, ihre Jungen aber zu verschonen –
das ist nicht weise! *(Ghazali: Ihya Ulum ad-Din)*

Man fragte einen Skorpion: »Warum kommst du denn im
Winter nicht heraus?« Er erwiderte: »Welchen Respekt
zollt man mir im Sommer, dass ich im Winter herauskommen sollte?« *(Saadi, Gulistan VII, 9)*

1. Der Wettstreit der Magier

Musa war rastlos. Er zog mit seiner Familie und seinen Herden von Ort zu Ort, von Oase zu Oase. Nirgends hielt es ihn lange, doch hätte er auch nicht sagen können, wonach er suchte.

Eines Tages, als sie mit ihren Herden am Fuße des Berges Tur entlang zogen, da war ihm, als sähe er in der Ferne ein Feuer. Er hieß seine Familie rasten und machte sich auf, in der Hoffnung, ihnen von dem Feuer zu bringen, so dass sie sich daran wärmen könnten.

Doch als er sich dem Feuer näherte – es schien ihm ein brennender Busch auf der rechten Seite des Tales zu sein – da sah er, dass der Busch zwar brannte, von dem Feuer, das eher ein Leuchten war, aber nicht verzehrt wurde. Und wie er staunend stille stand, da hörte er eine Stimme sagen: »O Musa! Fürwahr, ich bin Gott, der Herr der Welten *(Qur'an 28:30)*. So ziehe deine Schuhe aus, denn Ich bin gegenwärtig; du befindest dich im heiligen Tal von Tuwa!« *(Qur'an 20:12)*

Drei Tage, so heißt es, soll Gott zu Musa gesprochen haben, dem man den Beinamen *Kalimullah* gab – der, zu dem Gott ohne Intervention der Engel sprach. So wurde Musa zum Propheten berufen und zum Pharao gesandt, der in seinem Wahn inzwischen alle Grenzen überschritten hatte.

Ob er seine schwierige Mission würde ausführen können? Auch wenn Musa der Aufgabe, die ihm gestellt worden war, nur zu gerne gerecht werden wollte, so hatte er doch menschlich durchaus nachvollziehbare Bedenken. Er zögerte nicht, diese vor seinem Herrn zu äußern: Schließlich hatte Pharao ihn verfolgen lassen, um ihn zu töten – aus triftigem Grund, denn Musa hatte einen seiner Leute getötet. Und nun sollte er den Pharao, der ihm nach dem Leben trachtete, nicht nur in seinem Palast aufsuchen, wo er ihm ganz und gar ausgeliefert sein würde, er sollte ihn und seine engsten Berater auch noch tadeln!

Er bat Gott um dreierlei: darum, dass Er es ihm ums Herz weit werden ließe, dass er ihn von seinem Sprachfehler befreie, denn er befürchtete, dass er sich sonst vielleicht kein Gehör würde verschaffen können, und als Drittes, ihm seinen älteren Bruder Harun, den er sehr liebte, zur Seite zu geben, so dass sie sich die große Aufgabe teilen könnten. Worum er gebeten hatte, wurde ihm gewährt.

Schließlich sprach die Stimme zu ihm: »Und was ist das in deiner rechten Hand, o Musa?« *(Qur'an 20:17)*

Musa antwortete: »Es ist mein Stab, auf den ich mich stütze, mit dem ich meinen Herden Futter schlage.« *(Qur'an 20:18)* Dieser Stock war wohl der Gegenstand, den er am meisten von allen alltäglichen Dingen gebrauchte. So fügte er noch hinzu: »Und der mir auch zu weiteren Zwecken dient.« *(Qur'an 20:18)*

Da gebot ihm Gott, diesen Stock hinzuwerfen. Musa warf ihn hin und – was er da vor seinen Augen sich krümmen und winden sah, war eine Schlange, die sich lebhaft bewegte.

»Hebe sie auf, und habe keine Furcht; wir werden sie unverzüglich in ihre frühere Form zurückkehren lassen!« *(Qur'an 20:21)*

Dies war eines von neun Zeichen, mit denen Musa in Begleitung seines Bruders Harun auf den Weg nach Ägypten zum Pharao gesandt wurde. »Aber sprecht milde mit ihm«, war ihnen aufgetragen worden, »denn vielleicht nimmt er die Warnung an!« *(Qur'an 20:44)*

Es war nicht ungefährlich für Musa, sich erneut in das Herrschaftsgebiet des Pharao zu begeben und seiner Willkür ausgesetzt zu sein. Man ließ ihn auch nicht so ohne weiteres vor. Aber schließlich gelang es, und Musa und Harun standen vor dem thronenden Pharao, der im Bewusstsein seiner Stärke amüsiert auf sie herabblickte.[39]

Haman, Pharaos Wesir, und die anderen Minister fragten Musa: »Bist du zu uns gekommen, um uns von den Wegen abzubringen, denen schon unsere Väter folgten – damit du und dein Bruder Größe im Land erlangen?« *(Qur'an 10:78)*

Musa wandte sich an Pharao und sagte kühn: »Dein Herr sendet uns zu dir und schickt dir über uns ein Zeichen!« Pharao traute seinen Ohren kaum, denn was Musa da behauptete, hieß, dass er von einem, dem Pharao untertan war, zum ägyptischen Volk gesandt war.

Nein, er, der Gottkönig Pharao würde sich von diesen beiden nicht belehren lassen! Seine Antwort fiel so subtil wie abweisend aus: »Und wer ist dieser, euer Herr?«[40]

»Der Herr und Erhalter der Welten!«, sagte Musa.

»Haben wir dich als Kind nicht erhalten, ernährt und bei uns aufgezogen?«, entgegnete Pharao, das »wir« deutlich betonend, ließ er doch keine Gelegenheit verstreichen, sich gottgleich darzustellen. »Und verbrachtest du nicht viele Jahre deines Lebens in unserer Mitte?« *(Qur'an 26:18)*, fuhr er fort. Er war geschult in der Rede: »Du sprichst von einem einzigen Gott. Das wäre eine neue Religion! Was ist mit dem Glauben unserer ehrwürdigen Vorfahren an unsere ägyptischen Gottheiten? Wagst du zu behaupten, sie irrten über Jahrhunderte hin?«

Pharaos Frage zu bejahen, hätte bedeutet, sich womöglich die Anschuldigung der Ketzerei zuzuziehen. Zudem hätte Musa durch eine Beleidigung ihrer Ahnen die Sympathien der Ägypter mit Sicherheit verspielt. Aber er ging nicht in die Falle, sondern sagte nur milde und bescheiden: »Über diese Dinge weiß mein Herr am besten Bescheid. Er irrt nicht, noch vergisst Er.« *(Qur'an 20:52)* Pharao wandte sich höhnisch an seinen versammelten Hofstaat: »Schaut ihn euch gut an! Euer Prophet will er sein! Ein Verrückter ist er!« Und zu Musa gewandt: »Noch ein Wort und ich lasse dich ins Gefängnis werfen!«

Musa blieb unbeeindruckt und fragte: »Auch wenn ich dir etwas zeige, das deutlich und überzeugend ist?«

Pharaos Antwort klang gereizt: »So zeig es denn, wenn du die Wahrheit sagst!« *(Qur'an 26:31)* Da warf Musa seinen Stock vor Pharaos Thron, und kaum war er gefallen, wand sich da für jeden deutlich sichtbar eine Schlange.

Pharao dachte nicht im Entferntesten ans Aufgeben: »Du bist unter die Magier gegangen? Bist du gekommen, uns mit deinen Zauberkünsten aus unserem eigenen Land zu vertreiben? Glaub nicht, dass wir dir nicht gewachsen wären! Wenn du es wagst, so nenne mir einen Ort deiner Wahl, der beiden Seiten für einen Wettkampf gerecht wird!« Pharao fühlte sich auf sicherem Terrain, denn Magie zählte ebenso wie die Anbetung des Pharaos zu den Grundfesten der ägyptischen Religion.

Musas Antwort kam ohne Zögern: »Der Tag des Großen Festes wäre wohl dazu geeignet! Lass sich das Volk bald nach Sonnenaufgang versammeln!« Der Tag des Großen Tempelfestes war ein Feiertag. Die Tempel und Straßen waren geschmückt und niemand arbeitete, so dass Musa sicher sein konnte, an diesem Tag so viele Menschen wie nur möglich mit seiner Botschaft zu erreichen.

Pharao beriet sich mit seinen Wesiren und wohl auch einigen Magiern. Man war sich sicher, dass die beiden Brüder gewiefte Magier waren, wohl bewandert in allen Trickkünsten, doch gewiss würden sie nicht unschlagbar sein. Pharao setzte verlockende Belohnungen für diejenigen aus, die Musa und Harun besiegten.

Am großen Festtag waren an die 4000 Zauberer, Magier und Trickkünstler aller Art aus dem ganzen Land herbeigeströmt. Das Zaubern mit Zauberstäben gehörte damals quasi zum Standardrepertoire eines Magiers und so fragten sie Musa höflich: »Möchtest du den ersten Wurf tun oder sollen wir als Erste werfen?« *(Qur'an 20:65)*

»Nein, werft ihr zuerst!« *(Qur'an 20:66)*, sagte Musa. Da warfen sie vor dem versammelten Volk all ihre Stöcke und Stäbe, ja einige warfen auch Seile. Da krümmte und schlängelte sich alles mögliche Getier und Gewürm auf dem Boden. Musa stand reglos da, sah dem Blendwerk zu und wirkte, als warte er auf irgendetwas. Das Schauspiel, das sich ihm bot, wirkte so täuschend echt, und er fühlte, wie die Furcht in ihm aufstieg und ihm die Kehle zuschnürte. Weder war er Magier, noch wusste er um ihre Trickkünste! Was sollte er nun tun? Es war höchste Zeit! Alle Augen waren auf ihn gerichtet und es herrschte gespannte Stille.

Da hörte er Gottes Stimme: »Hab keine Furcht!« *(Qur'an 20:68)* Er folgte dem, was ihm die Stimme riet und warf seinen Stab, den er in der rechten Hand hielt. Blitzschnell wurde dieser Stock zu einer Schlange, die in Windeseile alles vermeintliche Gewürm und Getier verschlang.

Magie und Zauberei waren fester Bestandteil der ägyptischen Götterkulte und jeder Priester war in diesen Dingen ausgebildet[41]. Nach der ägyptischen Mythologie war allein dem großen Sonnengott *Ra* – und selbst ihm nur mühsam – der Sieg über die Schlange Apophis gelungen – der Sieg des

Lichts über Dunkelheit und Angst. Um ihre Feinde zu ängstigen, stellten die Ägypter viele ihrer Tiergottheiten in Form von Schlangen dar. Und nun war einer gekommen, der die gefährliche Schlange, die zu bändigen selbst ihr oberster Gott solche Mühe hatte, zu beherrschen wusste.

Wird eine Verzauberung aufgehoben, so kehrt alles unweigerlich wieder in seinen vorigen Zustand zurück. Doch nicht in diesem Fall: Die Zauberer, Magier und Trickkünstler standen sprachlos staunend da, denn die 4000 Stäbe, Stöcke und Seile blieben ein für alle Mal verschwunden. Das war keine Zauberei, das war Wirklichkeit! Auf einmal war es, als sei alle Falschheit und Täuschung von den Menschen genommen.

So sehr Pharao vor Wut schäumte: »Ihr glaubt an Ihn, ehe ich euch die Erlaubnis dazu erteilt habe?« *(Qur'an 21:71)*, warfen sich alle – Zauberer, Magier und Trickkünstler – voll Ehrfurcht nieder und erklärten einhellig: »Wir glauben an den Herrn Haruns und Musas!« *(Qur'an 20:70)* Da ließ Pharao viele dieser Magier, die doch Säulen seines eigenen Thrones waren, auf der Stelle töten.

Die Bani Israel wussten nicht, was sie von all dem halten sollten. »Wir hatten nichts als Schwierigkeiten, bevor du zu uns kamst wie auch seitdem!« *(Qur'an 7:129)*, sagten sie. Was blieb Musa da, als sie zu bitten, sich zu gedulden und Vertrauen zu haben.

2. Der Reiter und die Giftschlange

Es war einmal ein Mann, der im Schlaf eine Giftschlange verschluckte, die in seinen Hals geraten war. Er schrak auf, hustete, schüttelte sich und versuchte, sich zu befreien, ohne recht zu wissen, was ihm geschehen war.

In diesem Augenblick kam ein Reiter des Weges, der mit einem Blick erfasste, was geschehen war. Ohne zu zögern, griff er zu seiner Peitsche und begann gnadenlos auf den Mann einzuschlagen; Hieb um Hieb ließ er auf ihn niederprasseln. Jener war bald halb von Sinnen vor Schmerz und versuchte, dem unbarmherzigen Reiter zuzurufen, er möge doch innehalten. Aber es gelang ihm nicht, ein einziges Wort herauszubringen. Er versuchte davonzulaufen, fiel dann wieder zu Boden, krümmte und wälzte sich, doch was er auch versuchte, es gelang ihm nicht, dem auf ihn hernieder prasselnden Hagel erbarmungsloser Schläge zu entkommen.

Der Reiter sprach kein einziges Wort.

Der gepeinigte Mann wusste bald nicht mehr ein noch aus. Schließlich revoltierte sein Magen. Unter heftigen Krämpfen erbrach er das giftige Tier. Es fiel zu Boden und glitt davon. Der Reiter gab seinem Pferd wortlos die Sporen und ritt davon.

Erst jetzt begriff der Mann, dass das, was ihm in seinem Elend als ungerechtfertigte Gewalttätigkeit erschien, in Wahrheit der einzige Weg gewesen war, dieses Tier loszuwerden, ehe sich dessen Gift in seinem Körper ausbreiten konnte.   *(Derwischgeschichte)*

3. Die Vernunft von Mensch und Tier

Die tierischen Geschöpfe werden in zwei Kategorien unterteilt: *Haiwan natiq*, die »vernünftigen Geschöpfe«, und *Haiwan sakit*, die »unvernünftigen Geschöpfe«. Dazu gibt es die Geschichte eines Mannes, der sich nicht viel um weltliche Dinge scherte. Als er eines Tages die Straße entlangging, erregte ein seltsamer Gegenstand seine Aufmerksamkeit. Als er näher kam, stellte er fest, dass es ein flacher Stein war.

Er bückte sich und hob ihn auf. Da schoss aus einem Loch, das unter dem Stein verborgen war, laut zischend eine große Giftschlange hervor. Vor lauter Schreck ließ der Mann den Stein fallen, denn die Schlange, die sich hoch vor ihm aufreckte, zischte: »Ich töte dich jetzt!«

»Aber ich habe dich doch befreit! Wie kannst du Gutes mit Schlechtem vergelten? Das ist kein vernünftiges Gebaren!«

»›Befreit‹ sagst du, wo du den Stein doch nur aus Neugier hochgehoben hast!«

Dem Mann war, als habe man ihm auf den Kopf geschlagen, er hörte auf zu denken und murmelte vor sich hin: »Man muss sich immer wieder auf die Vernunft besinnen!«

»Dann sei doch vernünftig, wenn du meinst, dass es dir nutzt, sie zu beschwören!«

»Ich muss ein Narr sein, von einer Schlange vernünftiges Verhalten zu verlangen!«, sagte der Mann.

»Bei einer Schlange musst du nun mal mit Schlangenverhalten rechnen!«, zischte sie und fügte hinzu: »Wenn sich eine Schlange wie eine Schlange verhält, ist das vernünftig für eine Schlange! Und jetzt werde ich dich töten!«

Der Mann flehte um eine Chance: »Du hast mir Einsichten über Neugier, über vernünftiges und schlangenhaftes Benehmen verschafft. Und nun willst du mich töten, ehe ich dieses Wissen anwenden kann?«

Die Schlange ließ sich schließlich überreden. Sie vereinbarten, das nächste Lebewesen, das ihnen begegnen würde – ausgenommen eine Schlange oder ein Mensch –, zum Schiedsrichter zu nehmen.

Es war eine Schafherde, die ihnen zur großen Erleichterung des Mannes begegnete. So wandte er sich an die Schafe und bat sie, ihm zu helfen: »Urteilt zu meinen Gunsten, und die Schlange wird mich verschonen!«, sagte er und fügte noch hinzu: »Bin ich doch ein Freund der Schafe!«

Doch die Antwort der Schafe ließ ihn erschrecken: »Jahr um Jahr haben wir einem Menschen gedient, ihm unsere Wolle und Milch gegeben. Nun, da wir alt sind, will er uns schlachten lassen! Schlange, töte diesen ›Freund der Schafe‹.«

Der Mann dachte, nun habe tatsächlich seine letzte Stunde geschlagen. Doch zu seinem übergroßen Erstaunen zischte da die Schlange mit funkelnden Augen: »Wenn deine Freunde schon so sprechen, welches Urteil werden da deine Feinde fällen? Um dir zu zeigen, dass ich nicht so unvernünftig bin, wie du meinst, lass uns nach deiner Weise vorgehen statt nach meiner!«

Der Mann atmete tief durch und sie zogen weiter. Als Nächstes begegnete ihnen ein Pferd, das alleine auf einem Feld angepflockt war.

»Jahrelang diente ich einem Menschen«, erzählte es traurig und mit hängendem Kopf. »Nun bin ich alt und soll zum Pferdeschlächter!«

»Du willst doch jetzt nicht etwa dieses Pferd zu meinem Richter machen!«, rief der Mann entsetzt. Doch die Schlange berief sich auf ihre Abmachung und sie unterbreiteten ihren Fall dem Pferd.

»Es entspricht nicht meiner Art, einen Menschen zu töten. Jedoch kann ich nachvollziehen, dass du als Schlange an einem Menschen, der sich in deiner Gewalt befindet, nicht anders handeln kannst«, wieherte es.

Da flehte der Mann nochmals um sein Leben, erbat eine letzte Chance. »Lass uns ein Tier finden, dass um all diese Dinge nichts weiß! Schau doch, ich hatte einfach kein Glück; uns sind bisher nur Tiere begegnet, die dem Menschen feindselig gegenüberstehen!«

»Ach«, zischte da die Schlange. »Kennen die Menschen die Schlangen etwa? Und doch sind sie ihnen feindlich gesinnt!« Aber dann gestand sie dem Mann tatsächlich eine allerletzte Chance zu.

Das nächste Tier, auf das sie stießen, war ein Fuchs, der schlafend im Gebüsch lag. Der Mann weckte ihn so sanft wie möglich, unterbreitete ihm seinen Fall und appellierte an die Großzügigkeit und Nächstenliebe des Fuchses, da sein Leben von seiner Entscheidung abhinge.

Der Fuchs sagte nach kurzem Bedenken: »Ich meine nicht, dass es hier um Großzügigkeit oder Nächstenliebe geht! Um ein Urteil fällen zu können, möchte ich mich nicht aufs Hörensagen verlassen, sondern mir die Sache an Ort und Stelle verdeutlichen. Lasst uns zum Ausgangspunkt eurer Reise zurückkehren!«

Als die drei am Ort der ersten Begegnung von Mann und Schlange zurückgekehrt waren, sagte der Fuchs: »So, nun werden wir die Sache rekonstruieren!«, und wies die Schlange an, wieder ihren Platz unter dem Stein einzunehmen.

So rollte sich die Schlange in ihrer Grube zusammen, und der Mann legte den Stein darauf – und die Schlange war wieder gefangen.

»Nun sind wir zum Ausgangspunkt zurückgekehrt, und die Schlange kann nicht entkommen, wenn du sie nicht freilässt!«, sagte der Fuchs zu dem Mann, dem Freudentränen über das Gesicht liefen und der voller Dankbarkeit war.

Da sagte der Fuchs: »Dankesworte reichen hier nicht, entlohne mich!«

»Du verlangst Entschädigung?«, fragte der erstaunte Mann.

»Nun«, erwiderte der Fuchs, »du solltest davon ausgehen, dass jemand, der einen so kniffligen Fall lösen kann, auch in der Lage ist, seine eigenen Interessen zu vertreten! Und wenn du es schon nicht gerechtigkeitshalber tust, dann doch wenigstens aus Angst – oder um es mit euren Worten zu sagen, aus ›Vernunft‹.«

Da versprach der Mann dem Fuchs ein Huhn aus seinem Stall. An seiner Hütte angekommen, hieß der Mann den Fuchs draußen zu warten und kam bald darauf mit einem Sack zurück.

»Da hast du dein Huhn, aber friss es nicht hier, sonst wundern sich die Nachbarn, dass ich in meinem Haus Füchse halte. Lauf lieber in das Wäldchen dort drüben und nimm da deine Mahlzeit ein!«

»Das scheint mir vernünftig«, sagte der Fuchs. Kaum war er am Wäldchen angelangt, da hatten ihn die Jäger, von deren Anwesenheit der Mann wusste, schon eingefangen. Dies ist das Ende der Geschichte des Fuchses. Wie die Geschichte des Mannes endet, wird die Zukunft zeigen.

4. Die Ratte in der Schüssel

Yusuf, Sohn des Husein, wünschte sich sehr, ein Schüler auf dem Weg zu werden. So blieb er für ein Jahr als Diener bei Dhul-Nun Misri, einem ägyptischen Alchemisten (245–859).

Als das Jahr um war, fragte Dhul-Nun: »Was möchtest du?«

Da sagte Yusuf: »Die Erlaubnis, dir um ein weiteres Jahr dienen zu dürfen.«

Als das zweite Jahr um war, sagte Dhul-Nun: »Was wünschst du dir?«

Yusuf sagte: »Verrate mir den Allergrößten Namen!«

Dhul-Nun gab ihm keine Antwort und so blieb Yusuf weiterhin als Diener bei ihm.

Eines Tages übergab Dhul-Nun Yusuf eine Schüssel, die mit einem Tuch bedeckt war, und sagte: »Bring dies dem Derwisch, der auf der anderen Seite des Flusses lebt, aber entferne das Tuch unter keinen Umständen!«

»Bei meinem Kopf und meinem Herzen – so soll es sein!«, erwiderte Yusuf.

»Wenn dem so ist, wird dir der Derwisch den Großen Namen verraten!«

Doch als Yusuf den Fluss überquerte, überfiel ihn die Neugier. Zu gerne wollte er wissen, was wohl in der Schüssel sein würde, und löste das verknotete Tuch. Da sprang eine Ratte aus der Schüssel, fiel in den Nil und war im Nu fortgespült.

Als Yusuf an dem Ort anlangte, wo der Derwisch lebte, bat er ihn: »Verrate mir den Großen Namen!«

Aber der Derwisch sagte: »Du konntest keine Ratte wohlbehalten in einer Schüssel zu mir bringen, wie willst du da den Großen Namen bewahren? Du hast die Prüfung nicht bestanden!«

Yusuf kehrte bedrückt zu Dhul-Nun zurück, der ihn in sein Heimatland zurückschickte. »Wenn es soweit ist, wirst du deine Einweihung bekommen«, sagte er.

Wegen dieser und ähnlicher Unachtsamkeiten sollte es noch fünfzig Jahre dauern, ehe Yusuf genügend Disziplin erlangt hatte, um den Großen Namen zu erfahren und zu bewahren.

(Fariduddin Attar)

5. Die Mutter des Skorpions

Die Weisen sagen, dass Skorpione nicht auf die übliche Weise geboren werden, sondern dass sie die Eingeweide ihrer Mütter verschlingen, dann deren Magen durchbrechen und sich in die Wüste aufmachen. Die Häute, die man in Skorpionnestern findet, gelten als Beweis für diese Theorie.

Ich erwähnte dies einmal gegenüber einem Weisen, der bemerkte:»Ich bin zutiefst im Herzen von der Wahrheit dieser Worte überzeugt, und es kann gar nicht anders sein, denn wenn sie in ihrer Jugend ihre Mütter in dieser Weise behandeln, dann ist es nicht erstaunlich, dass sie so hässlich und verhasst sind, wenn sie erwachsen sind.«

(Saadi, Gulistan VII, 9)

6. Der Stich des Skorpions

Eines Tages, als ein Offizier vor dem König stand und sich mit ihm in einer außerordentlich wichtigen Angelegenheit beriet, geschah es, dass ein Skorpion, der zufällig unter sein Hemd geraten war, ihn wieder und wieder stach und ihm mit seinem vergifteten Stachel unaufhörlich Schmerz bereitete – so lange, bis er all sein Gift verströmt hatte und sein Stachel nutzlos geworden war.

Und doch hatte der Offizier während der ganzen Dauer der Besprechung das Gespräch kein einziges Mal unterbrochen. Weder hätte man ihm die geringste Veränderung in seinem Verhalten anmerken können, noch bewirkte dieser Vorfall die kleinste Veränderung seiner Worte in ihrer Form oder im Maß ihrer Weisheit und Philosophie.

Zu Hause angekommen, nahm er dann den Skorpion aus seinem Gewand. Dieser Vorfall kam dem König zu Ohren, der darüber erstaunt und verblüfft war.

Als der Offizier am darauffolgenden Tag erschien, um dem König seine Aufwartung zu machen, sagte jener zu ihm:»Übel von sich abzuhalten, ist eine besondere Pflicht. Wie kam es da, dass Ihr gestern nichts gegen den

Schmerz unternommen habt, den Euch der Skorpion zu-
gefügt hat?«

Der Offizier antwortete: »Ich gehöre nicht zu jenen, die
wegen eines vom Skorpiongift hervorgerufenen Schmerzes
auf die Ehre einer Unterredung mit einem Herrscher wie
Euch verzichten und sie unterbrechen würden. Und zudem: Wenn ich heute im Audienzsaal nicht den Stich eines
Skorpions ertragen könnte, wie sollte ich da morgen auf
dem Schlachtfeld dem vergifteten Schwert Eures Feindes
standhalten können?«

Die Antwort gefiel dem König und er beförderte den
Offizier, der so durch die Geduld, die er gezeigt hatte, ans
Ziel seiner Wünsche gelangte.

Habe Geduld wie der Prophet Nuh in den Mühsalen
    der Flut –
die Anfechtung wird vorübergehen und die Freude von
    tausend Jahren aufkommen.

(Maulana Husain Waiz Al-Kashifi)

Anmerkungen

[1] Zitat aus den authentischen Überlieferungen der Taten und Aussprüche des Propheten Muhammad.

[2] Heutzutage ist wissenschaftlich erwiesen, dass Protoplasma, die Grundlage jeden irdischen Lebens, größtenteils aus Wasser besteht.

[3] Burak (*buraq* – auf Deutsch: der Strahlende, Leuchtende) ist das geflügelte Ross, auf dem der Prophet Muhammad seine berühmte Nachtreise zum Himmel unternahm. Es wird jedoch in der islamischen Theologie lediglich »respektiert«, nicht aber als göttliches Wesen verehrt.

[4] Kommentar zu dem Zitat von Ibn 'Arabi: Das arabische Wort für Reittier ist der Plural von *rakiba*, was eine Sache bedeutet, mittels derer man dahin gelangen kann, wohin man vorhat, zu kommen.

[5] Abu Talib: Onkel des Propheten und Vater von Ali, dem vierten Kalifen, Stammesoberhaupt der Banu Hashim, gest. 619.

[6] Ein arabisches Werk über Magie, *Kitab al-'Uhud,* ist wahrscheinlich mit dem Buch des Asmodeus identisch, das im jüdisch-kabbalistischen Sohar erwähnt wird. Dieses Buch soll König Salomon vom Geist Asmodeus offenbart worden sein und enthielt Formeln zur Unterwerfung von Dämonen. »Die alte ägyptische Theorie vom Höchsten Namen Gottes – ein Wort der Macht –, der so mächtig ist, dass man ihn weder aussprechen noch denken darf, findet sich in der salomonischen Magie wieder. Einige Schriftsteller behaupten sogar, dass ein beträchtlicher Teil der Macht des Königs von einem Ring herrührt, auf dem der Höchste Name Gottes geschrieben stand. Arabische und jüdische Schriftsteller teilen diese Ansicht, wobei die Letzteren hinzufügen, dass der Ring aus Messing und Eisen zusammengefügt war.« (Idries Shah, *Magie des Ostens*, Kap. »König Salomo: König und Magier«.)

[7] Dazu heißt es im *Miftah el-Qulub* – »Schlüssel der Herzen«, einem persischen Manuskript aus dem Jahre 1.000 n. H.: »In der Tat, Suleiman war der größte unter den Magiern. Er besaß Macht über Vögel und wilde Tiere und auch über Menschen, vom edelsten bis zum niedrigsten. Rufe deshalb die Geister

und den Dschinn in seinem Namen und mit seinem Siegel an:
Dann wirst du Erfolg haben, wenn es Allahs Wille ist!«

[8] Nach arabischer Überlieferung hinterließ Salomo einer Gruppe von Eingeweihten eine große Anzahl seiner Zaubersprüche und Kräfte. Diese Eingeweihten hüteten ihre Geheimnisse in abgelegenen Oasen. Siehe auch Magie des Ostens, Idries Shah (Der arabische Beitrag).

[9] Die Einwohner Thamuds waren Abkömmlinge vom Stamm der Ad. Die Linie ihrer Abstammung führt über Thamud, Sohn von Abir, einem Bruder Arams und Sohn von Sa, der wiederum der Sohn Noahs war. Sie lebten im äußersten Nordwesten Arabiens (Arabia Petraea), zwischen Medina und dem heutigen Syrien. C.M. Doughty beschreibt in seinem 1888 erschienenen Reisebericht *Arabia Deserta* (University Cambridge Press) den etwa 300 km nördlich von Medina gelegenen Ort *Madain Salih*, ›Die Städte Salihs‹, eine Station auf der syrischen Pilgerroute. Dort besucht er die berühmten Orte *Mabrak al Naqah*, ›Die Stätte, an der Salihs Kamel kniete‹, sowie *Biru al Naqah*, ›Den Brunnen der Kamelstute‹.

[10] In den Wüstenländern gilt das Kamel mit seinem noblen Charakter als Haustier par exellence. Als sei dieses Wüstenschiff nicht an sich schon ein Wunder, ist sein Körperbau ist für die Fortbewegung in der Wüste wie geschaffen: Es kann Wasser für viele Tage speichern und sich auf den langen Wegen durch die Wüste von dem wenigen dornigen und trockenen Gestrüpp ernähren, das dort zu finden ist. Darüber hinaus eignet es sich zum Transport von Menschen und Lasten, sein Fleisch ist essbar, seine Wolle lässt sich weiterverarbeiten, seine Haut dient zur Herstellung von Säcken, Taschen, Sitzkissen.

[11] Kommentar von Rumi: Was bedeutet das Fohlen? Es ist Salihs Herz. Seht zu, dass ihr es zurückgewinnt! *Masnavi*, Vers 2541.

[12] Kanzel, von der der Imam seine Freitagpredigt in der Moschee hält, in der Regel handelt es sich um eine Art transportabler Treppe. Die erste Minbar, die vom Propheten benutzt wurde, hatte drei Treppenstufen. Der Kalif Abu Bakr, der sie als Nächster benutzte, pflegte nur bis auf die zweite Stufe zu steigen, der Kalif Umar nur auf die erste Sufe, der Kalif Uthman auf die zweite. Heute steht der Imam bei seiner Rede in der Regel auf der zweiten Stufe, auch wenn die Minbar über wesentlich mehr Stufen verfügt.

[13] »Helfer«, Name, den der Prophet Muhammad den Muslimen aus Medina verliehen hatte.

[14] Flächenmaß

[15] Landschaft und Provinz im Westen von Saudi-Arabien, »Wiege des Islam«.

[16] Ephesus, Hauptstadt der Römer in Asien, war eine in der damaligen Zeit berühmte Stadt an der Westküste Kleinasiens, 60–80 km südlich von Smyrna. In den ersten drei Jahrhunderten unserer christlichen Zeitrechnung war Ephesus eine lebendige, große Hafenstadt, in der die berühmte Statue der Diana/Artemis stand, die zu den Wundern der Alten Welt zählte, und die heidnischen Kulte blühten dort.
Der hl. Paulus verbrachte drei Jahre in Ephesus, um dort zu predigen. Er wurde vom Pöbel angegriffen, überfallen und vertrieben. (Werke XIX. 1–4)

[17] Ephesus liegt auf dem 38. Grad nördlicher Breite, d.h. gut über der nördlichen Deklination der Sonne ist eine Höhle, deren Eingang nach Norden liegt, aller Wahrscheinlichkeit nach, tagsüber kühl. Wenn die jungen Münner dort in der Mitte der Höhle auf dem Rücken liegend und zum Eingang blickend, lagerten, ging die Sonne zu ihrer Rechten auf, und zu ihrer Linken unter, so daß sie es angenehm kühl haben mußten, da sie gen Norden lagerten.

[18] Was die Dauer des Aufenthalts der jungen Männer in der Höhle anbelangt, gibt es verschiedene Meinungen. Man sagt, es seien 300 Jahre nach dem Sonnenkalender gewesen, was in Mondjahren bedeutet, dass man 9 Jahre hinzurechnen muss, also 309 Jahre. Bei Simeon Metaphrates steht, es seien 372 Jahre gewesen, was sich darauf zurückführen lässt, dass zwischen der Regierungszeit Neros, der die Christen sehr verfolgte und bis 68 n. Chr. regierte und der Regierungszeit Thedosius, der vermutlich 440 n. Chr. zu regieren begann, 372 Jahre liegen.

[19] Überliefert ist, dass Khalifah Wathiq (842–846 n. Chr.) eine Expedition aussandte, um den genauen Ort dieser Höhle festzustellen, die sich im heutigen Syrien befindet. Die christliche Variante dieser Geschichte wird in Gibbons *Aufstieg und Fall des Römischen Reiches* berichtet, allerdings ohne die spirituellen Aspekte, wie sie im Qur'an dargestellt werden. Im 6. Jh. n. Chr. wird sie wahrscheinlich erstmals von einem syrischen Geschichtsschreiber schriftlich niedergelegt. Ihm zufolge sind es sieben junge Männer zur Zeit der Regierung Daqyanus (Deci-

us), der während seiner Regierungszeit von 249–251 die Christen so grausam verfolgte und so tyrannisch wie engstirnig regierte, dass sein Name zum Synonym für Ungerechtigkeit und Unterdrückung wurde. Aus ihrem langen Schlaf sind sie diesem Bericht zufolge erst zur Zeit der Herrschaft von Theodosius II., der von 408–450 regierte, wiedererwacht.

[20] Samiri hat im Altägyptischen seine Entsprechung in Shemer – Fremder, im Hebräischen in Shomer – Wächter, und im Arabischen in Samir (von samara, yasmuru) – einer, der des Nachts wacht.

[21] Musa wandte sich von Unterägypten ostwärts zur Sinai-Halbinsel. Die Stadt Madyan (das biblische Midian) lag etwa einen Fußmarsch von acht Tagen entfernt; da es von Arabern (von dem Stamm der Amoriter) bewohnt war, konnte Musa mit Unterstützung rechnen.

[22] Vermutlich handelte es sich um Tothmes I. (Tethmosis I), der um 1540 v. Chr. lebte und nur eine Tochter, Hatschepsut, hatte, mit der er den Thron teilte, als sie das entsprechende Alter erreicht hatte.

[23] Im Gegensatz zu Pharao war Asiya eine gutherzige Frau, von der es im Qur'an (66:11) heißt, sie sei eine der vier perfekten Frauen. Bei den drei anderen handelt es sich um: Maria, die Mutter von Isa ben Mariam (Jesus), Khadija, die Ehefrau Muhammads, und Fatima, Muhammads Tochter.

[24] Für P.L.W.

[25] Wörtl. »Atem«, auch: die niedere Seele. Zum Begriff des Nafs siehe Idries Shah *Die Sufis*.

[26] Al-Latif (»Der Feine, Der Subtile«) – der 30. der 99 Gottesnamen.

[27] *Div*: Zauberwesen, in Gestalt eines Monsters oder eines Menschen.

[28] Dschinnen sind Kreaturen, erschaffen aus rauchlosem Feuer (Qur'an 55:15).

[29] Im AT wird im Buch der Könige 11. 21, 22 berichtet, dass ein gewisser Hadad den Pharao drängte, ihn fortzusenden, damit er in sein eigenes Land ziehen könne. Den arabischen Kommentatoren zufolge ist dieser Hadad identisch mit dem Vogel Hudhud, der im Qur'an als der Botschafter Suleimans beschrieben wird und bei dem es sich keinesfalls um einen Menschen handelte.

[30] Auch überlieferte assyrische Texte aus dem achten Jahrhundert berichten von *Bilqis*, der Königin von Saba, die offenbar nicht

nur über den Jemen, sondern auch über Abessinien regierte, dem sie über verwandtschaftliche Bande verbunden war. Der Name Abessinien ist abgeleitet von *Habasha*, einem jemenitischen Stamm. Die Südküste des Jemen und die nordküste Abessiniens trennte lediglich die schmale Straße von *Bab-al-Mandab*. Das abessinische Kebra Nagast, *Das Buch vom Ruhm der Könige* (übers. ins Englische von Sir E.A. Wallis Budge, Oxford, 1932), überliefert einen Bericht über die Königin von Saba und erwähnt ihren Sohn Menyelek I. als den Begründer der abessinischen Dynastie.

Das biblische Scheba (1 Könige X.1–10), eine Stadt im Jemen, war wohl drei Tagesreisen – etwa 80 Kilometer – von San'a entfernt, dem deutschen Forscher Dr. Hans Helfritz zufolge im heutigen Hadramaut gelegen. Der berühmte Damm von Maaribccxliii, machte das Land überaus fruchtbar und ermöglichte eine Hochkultur – ein schönes und glückliches Land, mit Gärten zu beiden Seiten des Dammes, beschreibt es der Qur'an (34:15)

[31] Möglicherweise stand dieser Kult mit dem chaldäischen Kult des Heimatlandes Abrahams in Verbindung, denn die Chaldäer verfügten über beachtliches Wissen über die Himmelskörper und Gestirne.

[32] Im 10. und 11. Jahrhundert kam es immer wieder zu Übergriffen Arabiens auf Äthiopien; Solomons Regierungszeit von wohl 40 Jahren wird üblicherweise auf 992–952 v. Chr. datiert.

[33] »Der König Salomo aber liebte zahlreiche ausländische Frauen, und zwar neben der Tochter des Pharao: Moabiterinnen, Ammoniterinnen, Edomiterinnen, Sidonierinnen und Hethiterinnen... an diesen hing Salomo mit Liebe.« AT, Buch der Könige 11.1.

[34] Einer der 99 Namen Gottes

[35] Der Flug des »Inneren Wesens« auf der Suche nach Erleuchtung wird in der Sufi-Terminologie mit dem Flug des Falkens verglichen (*Anm. Sayed Omar Ali-Shah zum 29. Vers des Rubaiyyat* von Omar Khayaam).

[36] Eröffnungsformel des Qur'an, die zu Beginn einer jeden Handlung gesprochen wird, um diese zu widmen, so wie man zum Abschluss einer jeden Handlung al-*hamdullilah* sagt.

[37] Geographisch gesehen könnte dies z.B. die Stelle gewesen sein, an der sich zwei Arme des Roten Meeres treffen, wie am Golf von Akaba und am Golf von Suez. Nach einer anderen Deutung werden die beiden Meere als die beiden großen Ströme

des Wissens gedeutet, die in Gestalt von Khidr und Musa aufeinander treffen.

38 Im Alten Testament heißt es, dass sich Yunus in Joppa (dem heutigen Jaffa) eingeschifft und das Mittelmeer befahren habe. Joppa liegt allerdings an die tausend Kilometer von Niniveh entfernt. Wahrscheinlicher ist, dass er den Tigris befahren hat.

39 Die Zusammenkunft zwischen Musa und Pharao hat aller Wahrscheinlichkeit nach nicht in Thebes (*No-Ammon*), der Hauptstadt der damaligen 18. Dynastie stattgefunden, denn diese lag etwa 650 km von der Siedlung der Bani Israel entfernt. Auch die große Stadt Memphis (*Noph*), die Apis, dem heiligen Stier Osiris gewidmet war, lag an die 200 km entfernt. Es wird vermutet, dass die Zusammenkunft in einem der Paläste von Goshen stattfand; dem Ort, an dem die Israeliten lebten und Musa als Säugling wohl gefunden worden war, oder aber in Zoan (*Tanis*), der nahe gelegenen früheren Hauptstadt des Deltas, in der die alten Paläste noch zur Verfügung standen.

40 Vier bis fünf Generationen sollte es noch dauern, bis ein Pharao, Amenophis I. (Akhen-Aton), um 1350 v. Chr., den Glauben an den Einen Höchsten Gott zur Staatsreligion ausrief.

41 Auf die Verbindung zwischen jüdischen und ägyptischen magischen Praktiken wird in Werken über Literatur und Religion oft genug hingewiesen. Außerdem wissen wir, daß die Semiten wie auch die Griechen und Römer und andere Völker der alten Welt fest an die Überlegenheit der ägyptischen Magie über die Zauberkünste anderer Länder glaubten.

Moses war, das wissen wir aus der Bibel und dem Qur'an, einer von Ägyptens größten ausländischen Schülern in der Ausübung dieser Kunst. Wie die Ägypter, so benutzte auch er einen magischen Stab; wie sie konnte auch er die Gewässer zerteilen. Er kannte sogar einige mystische Machtworte der pharaonischen Priesterschaft. Als Moses seinen berühmten magischen Kampf mit den Zauberern des Nils ausfocht, war die Magie schon ein blühender und fester Bestandteil der ägyptischen Religion. Das Königshaus, die Priesterschaft und das Volk waren untrennbar mit der Magie verbunden. War es nicht der Zauberer-Sohn von Ramses II. selbst, der seine Kunst 1300 v. Chr. gegen Moses versuchte? Schon zweihundert Jahre früher wurde nach dem Bericht des Westcar-Papyrus von Hohenpriestern das bekannte »*Teilen der Gewässer*« vollzogen. (aus: *Magie des Ostens*, Idries Shah)

Zu den Quellen

Den vorliegenden Geschichten liegen vor allem die islamischen Hauptwerke, der Qur'an und die Hadithen-Sammlungen zugrunde. Wenig bekannt sind hierzulande die in diesem Buch enthaltenen zauberhaften Liebesgeschichten, spannenden Abenteuer und Fabeln aus dem Qur'an. Häufig stehen sie dort nur mit wenigen Sätzen in knappen *ayats* (Qur'an-Versen) in ihrer Essenz zusammengefasst. Um einen Zugang zum Qur'an zu finden, muß man diese Geschichten, ihren Hintergrund und ihre Details kennen, die in den mündlichen Überlieferungen der islamischen Länder heute auch noch so präsent sind, dass sie Bestandteil des Alltagslebens sind. Die Kinder wachsen mit diesen Geschichten auf und in bestimmten alltäglichen Situationen tröstet oder erfreut man sich mit Zitaten aus dem Qur'an und hat dabei im Kopf, dass dies Suleiman in einer bestimmten Situation zu Bilqis, Königin von Saba sagte, oder Allah mit diesen Worten einen seiner mal wieder verzweifelnden Propheten tröstete.

Die Hadithen-Sammlungen – Nachrichten von den Taten und Aussprüchen des Propheten Muhammad – gewähren nicht nur durch ihre authentische Aufzeichnung der bekannten, historischen Ereignisse ein klares Bild von der Frühzeit des Islam, sondern durch ihre akribischen Schilderungen von alltäglichsten Details vermitteln sie das Gefühl, wie es damals gewesen sein muß. So wird man hautnah Zeuge welchen Hausrat der Prophet benutzte, warum seine Frauen stritten und in welchen Gemütszuständen er sich befand. All diese Geschichten sind so bekannt, dass auch sie ein fester Bestandteil des Alltagslebens, des Denkens und Fühlens der Menschen in den islamischen Ländern sind.

Im Qur'an wie in der Bibel sind jedem Propheten ein oder mehrere Tiere zugeordnet, z.B.: Moses und das Kalb, Jonas und der Wal, Solomon und die Ameise, Salih und das Kamel usw. Bei meiner Auswahl habe ich mich auf diese Geschichten konzentriert. Es ist wenig bekannt, dass Geschichten, die wir aus der Bibel nur zu gut kennen, auch im Qur'an erzählt sind. Dort sind, wie man beim Lesen der – durchwegs spannenden – Geschichten aus der islamischen Tradition sieht, andere Aspekte betont, die das Bild, das wir von »unseren« Geschichten haben, ergänzen und erweitern.

Als weitere Quellen dienen die Erzählungen aus den Werken der großen Meister.

Juli 2002   Kathleen Göpel

Abu Bakr Muhammad Muhyiddin Ibn Arabi (1165–1240), geboren in Murcia, im maurischen Spanien, mit dem Beinamen *ash-shaykh al-akbar* – der größte Sheikh. Er studierte in Sevilla und Ceuta und ließ sich nach zahlreichen Reisen in Damaskus nieder. Werke: *Fusus al-Hikam* – Bezels of Wisdom, *Futuhat a-Makkiyyah* – The Mekkan Revelations, *Tarjuman al-Ashwaq* – The Interpreter of Longings, *Ruh al Quds* – The Spirit of Sanity, *Ad-Durrat al-Fakirah* – The Pearls of Glory, *Al-Kabrit al-Ahmar* – The Red Sulphur

Sheikh Izzidin b. Abdusalam b. Ahmad b. Ghanim, Al-Muqaddisi (»Vom Heiligen Ort«), Hauptwerk: *Die Enthüllung der Geheimnisse der Vögel und Blumen.*

Muslihudin Saadi (1184–1292), aus Shiraz, Persien, berühmter Dichter und Schüler von Suhrawardi. Hauptwerke: *Gulistan* – Der Rosengarten, *Bostan* – Der Obstgarten, *Diwan*.

Omar Khayyam »(Der Zeltmacher«), 1015–1125, geboren in Nishapur als Sohn afghanischer Eltern; Mathematiker und Astronom, berühmt für seine Vierzeiler: *Rubaiyyat*.

Abu Hamid Muhammad al-Ghazali, geboren 1058 in Tus, gestorben 1111, Philosoph, Theologe, Jurist und Mystiker. Werke u.a.: *Ihya Ulum ad-Din* – Die Wiederbelebung der Religionswissenschaft, *Tahafut al-Falasifah* – Der Sturz der Philosophen, *Kimiya as-Sa'ada* – Die Alchimie der Glückseligkeit, *Mishkat ul-Anwar* – Nische des Lichts.

Fariduddin Attar (Farid ad-Din Attar), geboren 1119, gestorben ca.1229, persischer Mystiker aus Nayshabur. Werke: *Mantiq at-Ta'ir* – Die Konferenz der Vögel, *Tadhkirat al-Auliya* – Erinnerungen an die Heiligen.

Jalaluddin Rumi, geboren 1207 in Balkh, gestorben 1273, einer der größten Mystiker, lebte und unterrichtete in Konya, Begründer des Mevlevi-Derwischordens. Werke u.a.: *Masnavi, Fihi-ma-Fihi* – Von Allem und vom Einen.

Abu Bakr Dulaf b. Djahdar, al-Shibli (861–945), lebte zur Zeit von Halladsch in Bagdad.

Abu Ismail 'Abd Allah al-Ansari (1006–1089), lebte als Gelehrter und Theologe in Herat. Werke: *Munajat, Tabaqat as-Sufiyyah u.a.*

Idries Shah, geboren 1924 in Simla, gestorben 1996 in London, afghanischer Abstammung, Sufi-Meister, Gelehrter, Schriftsteller. Werke u.a.: *Die Sufis, Magie des Ostens*

Syed Omar Ali-Shah, Sohn von Iqbal Ali-Shah, geboren 1922 in Afghanistan, lebt heute in England. Werke u.a.: *Sufismus für den Alltag, Sufismus als Therapie, Sufismus – Kraftquell für die Seele, Rubaiyyat* (Übers. u. Kommentar), *Gulistan* (Übers.).

Maulana Husain Waiz, al-Kashifi, gestorben 1505, lebte als Herold unter Sultan Husain Mirza in Herat. Werke u.a.: *Tafsir Husaini* (Korankommentare), *Rouzat-ush-Shuhada* (Biographie Muhammads), verschiedene Werke über Astrologie, u.a. *Anwar Suheli* – Strahlen vom Stern Kanopus, *Lataif-ut-Tawaef* (Anekdotensammlung), *Akhlak-i Muhsini* – Die nützlichen frommen Lehren.

Idries Shah

Die Sufis

Botschaft der Derwische, Weisheit der Magier

Diederichs Gelbe Reihe Band 27, Paperback, 320 Seiten
ISBN 3-424-00627-0

Der Sufismus, die »geheime Überlieferung« des Islam,
bleibt dem verborgen, der nur mit dem Intellekt vorgeht.
Idries Shahs zum Standardwerk gewordene Einführung
in Literatur und Denken der Sufis bietet den ersten Schritt
in tiefere Dimensionen des Bewusstseins.

Fariduddin Attar
Muslimische Heilige und Mystiker
Diederichs Gelbe Reihe Band 173, Paperback, ca. 320 Seiten
ISBN 3-7205-2342-X

Ein Standardwerk der persischen Literatur.

Fariduddin Attar hat mit seinem umfassenden Prosawerk
die einzigartige Hauptquelle für die Goldene Ära
des Sufismus zwischen 800 und 1200 n. Chr. geliefert.
Eine wichtige historische Quelle mit Hunderten
von unterhaltsamen Anekdoten sowie Lebensläufen
und Aussprüchen der Sufis.
Die erste deutsche Übersetzung dieses großen Schatzes
der muslimischen Kultur.

Die schönsten Märchen aus 1001 Nacht
Herausgegeben von Hans-Jörg Uther

Pappband, 592 Seiten
ISBN 3-7205-2319-5

Seit Jahrhunderten verführen die Märchen
aus »1001 Nacht« ihre Leser in eine exotische und
geheimnisvolle Welt.
In diesem Band sind die schönsten und berühmtesten
Erzählungen Scheherazades zusammengetragen:
von Aladin und seiner Wunderlampe über den dienstbaren
Geist aus der Flasche, Sinbad den Seefahrer bis hin
zu Ali Baba und den vierzig Räubern.